CAPS PAS 3

LE CARNET DE VOYAGE DE LA FAMILLE COUSTEAU

AUTRICES DU LIVRE DE L'ÉLÈVE

Amandine Demarteau Fanny Piat Adélaïde Tilly

AUTRICES DU CAHIER D'ACTIVITÉS

Pauline Grazian Gwendoline Le Ray Stéphanie Pace Hélène Simon

ILLUSTRATEUR

Robert Garcia (Gaur Estudio)

ILLUSTRATRICE

Cristina Torrón

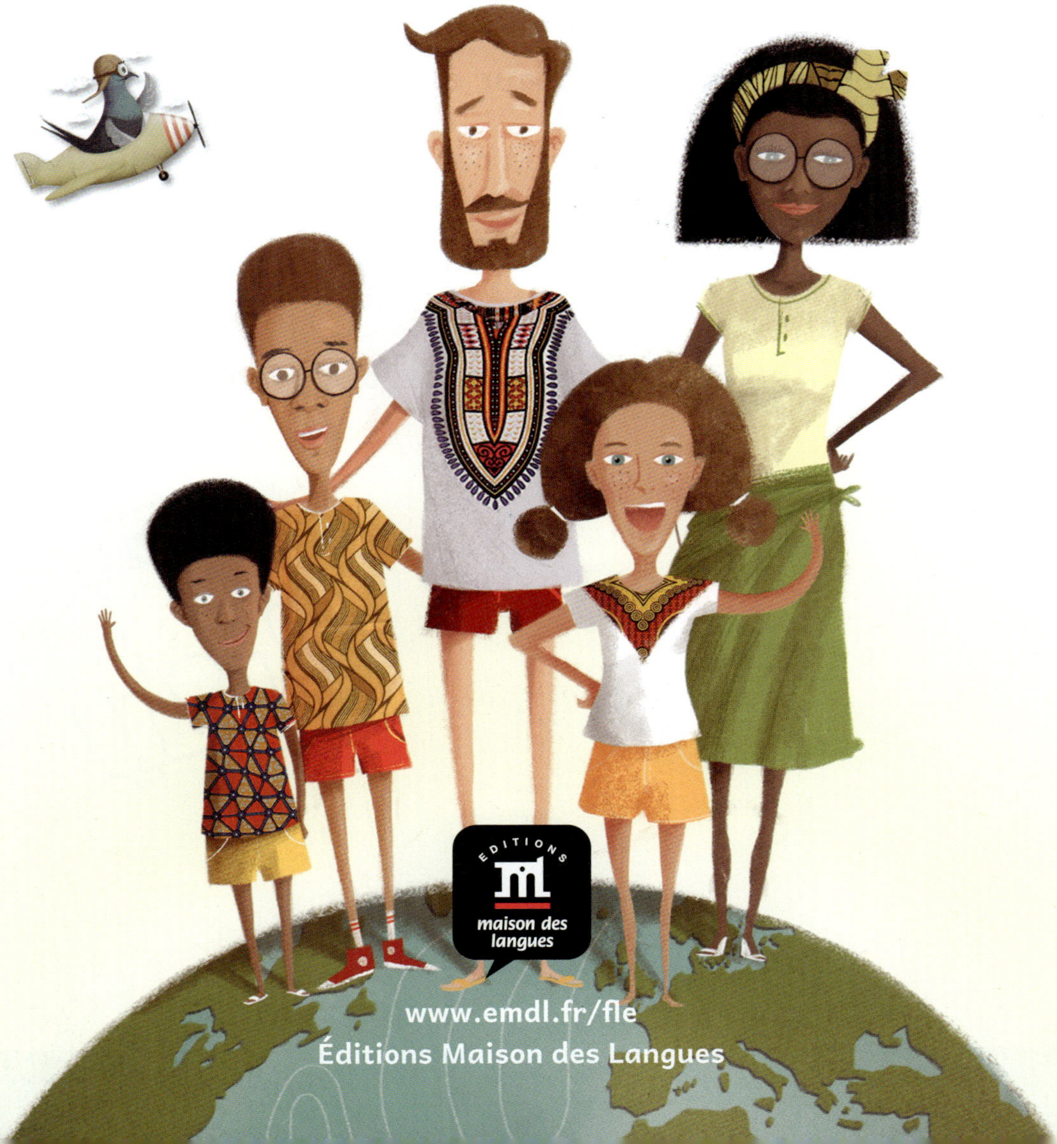

www.emdl.fr/fle

Éditions Maison des Langues

LE MOT DES AUTRICES

Cap sur... pas à pas c'est la méthode que nous, autrices, nous aimerions avoir dans nos classes : originale, ludique, actionnelle, dynamique et interculturelle. Elle reflète la richesse des cultures francophones et emmène nos apprenants en voyage autour du monde avec la sympathique famille Cousteau.

Grâce à de magnifiques illustrations et à des chansons entrainantes, chaque unité offre aux apprenants l'opportunité d'un apprentissage du français tout en couleurs et en musique.

Des jeux intégrés aux leçons et un projet à réaliser seul ou en groupe permettent aux apprenants de mémoriser progressivement le lexique et les structures langagières, en vivant de manière pratique et immédiate la langue française, tout en devenant les compagnons des Cousteau dans leur exotique exploration du globe.

Si vous croyez, comme nous, que la curiosité est une belle qualité et un moteur d'apprentissage, faites vos valises et entrainez vos classes dans un joyeux tour du monde francophone.

Amandine Demarteau, Fanny Piat et Adélaïde Tilly

LES VIDÉOS DE CAP SUR... PAS À PAS 3

Disponibles sur
espacevirtuel.emdl.fr

Unité 1

Dis-moi Dimitri : les paysages d'Afrique

Dimitri croit bien connaitre l'Afrique... mais l'autruche Habibi va lui raconter tous les paysages d'Afrique.

Unité 2

« Rollin' Safari »

Imagine un monde où les animaux sont ronds... Est-ce qu'ils peuvent marcher ? courir ? voler ?

Unité 3

Yassa de poulet

Océane prépare aujourd'hui un plat typique du Sénégal et t'explique sa recette : le poulet Yassa !

Unité 4

Mouk : le théâtre de marionnettes

Mouk et son ami sont au Vietnam. Ils vont découvrir comment les choses se passent derrière le rideau du théâtre de marionnettes...

TABLEAU DES CONTENUS

Mission Bricolo Bonus Mon carnet de voyage > p.12			
Livre de l'élève	**Communication**	**Lexique**	
Unité 0 > p.14 L'aventure continue	• Exprimer ses gouts • Présenter quelqu'un • Parler de la famille	• La description physique • Les vêtements • La famille	
Unité 1 > p.16 La traversée	• Dire ce qu'il faut faire et ne pas faire • Décrire un paysage • Parler de ce qu'on veut faire comme métier et de ses rêves • Situer un pays ou une ville • Dire et demander sa nationalité, sa langue	• Les noms de pays • Les nationalités, les langues • Les paysages • Les métiers	
Unité 2 > p.28 Le safari	• Parler de ses activités futures • Se situer dans le temps • Décrire un animal • Poser des questions avec *est-ce que* • Dire ce qu'on peut faire et ne pas faire	• Les animaux d'Afrique • Les parties du corps des animaux • Les déplacements	
Unité 3 > p.40 Les saveurs du Vietnam	• Inviter quelqu'un • Accepter, refuser une invitation • Dire et demander ce qu'il faut pour faire une recette • Demander et exprimer une préférence	• Les ingrédients • Les ustensiles de cuisine • Les repas de la journée	
Unité 4 > p.52 Le spectacle	• Parler de ses activités • Raconter une histoire • Décrire le caractère de quelqu'un	• Les activités culturelles et artistiques • Les instruments de musique • Les personnages de conte • Les déguisements • La description du caractère	

Cahier d'activités > p.65

UNITÉ 0	p.66	UNITÉ 2	p.78
UNITÉ 1	p.68	• Leçon 1	p.78
• Leçon 1	p.68	• Leçon 2	p.80
• Leçon 2	p.70	• Leçon 3	p.82
• Leçon 3	p.72	• Des lettres et des sons	p.84
• Des lettres et des sons	p.74	• Mission découverte	p.85
• Mission découverte	p.75	• Cap sur la biologie	p.86
• Cap sur la géographie	p.76	• Cap ou pas cap ?	p.87
• Cap ou pas cap ?	p.77		

4 quatre

NIVEAU A1.2

Grammaire	Lettres et sons	(Inter)culturel	Projet
• *c'est* + prénom • *c'est* + *le/la* + nom • *j'aime, j'aime beaucoup, j'adore, je n'aime pas, je déteste* + nom			
• *il faut/il ne faut pas* + verbe • *rêver de* + verbe • *vouloir* + verbe • les prépositions devant les pays et les villes • les nationalités • les métiers (masculin/féminin)	• Le son [f] comme *France, pharmacien*	• Les métiers insolites • Vidéo : Dis-moi Dimitri : les paysages d'Afrique	*Le poster des règles de la classe*
• *aller* + verbe pour exprimer le futur proche • *manger, sauter, voler, courir, nager, vivre* (il, elle, on, ils, elles) • *demain, la semaine prochaine, ce weekend, après-demain, cet après-midi, ce soir* • *est-ce que…?* • *pouvoir* + verbe	• Le son [R] comme *tortue, perroquet, bonjour*	• Les animaux protégés • Vidéo : « Rollin' Safari »	*Mon safari photo*
• *venir* • *ce, cette, cet, ces* • *préférer* • impératif affirmatif et négatif *(tu, vous)* • *devoir* + verbe	• Les sons [s] comme *poisson* et [z] comme *bisou*	• Les plats typiques • Vidéo : Yassa de poulet	*Une pizza comme au restaurant*
• *faire de / jouer de* + activité • *au début, un jour, ensuite, puis, enfin, alors* • *être en train de* + verbe • *moi, toi, lui, elle, nous, vous, eux, elles* • *aimer, ne pas aimer, adorer, détester* + verbe	• Les sons [ã] comme *méchant* et [õ] comme *dragon*	• Les marionnettes du monde • Vidéo : Mouk : le théâtre de marionnettes	*Les dés à histoire*

UNITÉ 3   p.88
- Leçon 1   p.88
- Leçon 2   p.90
- Leçon 3   p.92
- Des lettres et des sons   p.94
- Mission découverte   p.95
- Cap sur les sciences   p.96
- Cap ou pas cap ?   p.97

UNITÉ 4   p.98
- Leçon 1   p.98
- Leçon 2   p.100
- Leçon 3   p.102
- Des lettres et des sons   p.104
- Mission découverte   p.105
- Cap sur la musique   p.106
- Cap ou pas cap ?   p.107

CAP SUR LE DELF PRIM p.108

GLOSSAIRE p.116

CHANSONS p.122

LA CARTE DU MONDE p.126

DYNAMIQUE DU LIVRE DE L'ÉLÈVE

1 Une double-page de carnet de voyage pour entrer dans le thème de l'unité

Un jeu énigme

Des activités de production orale

Une grammaire très visuelle

3 Un résumé grammatical

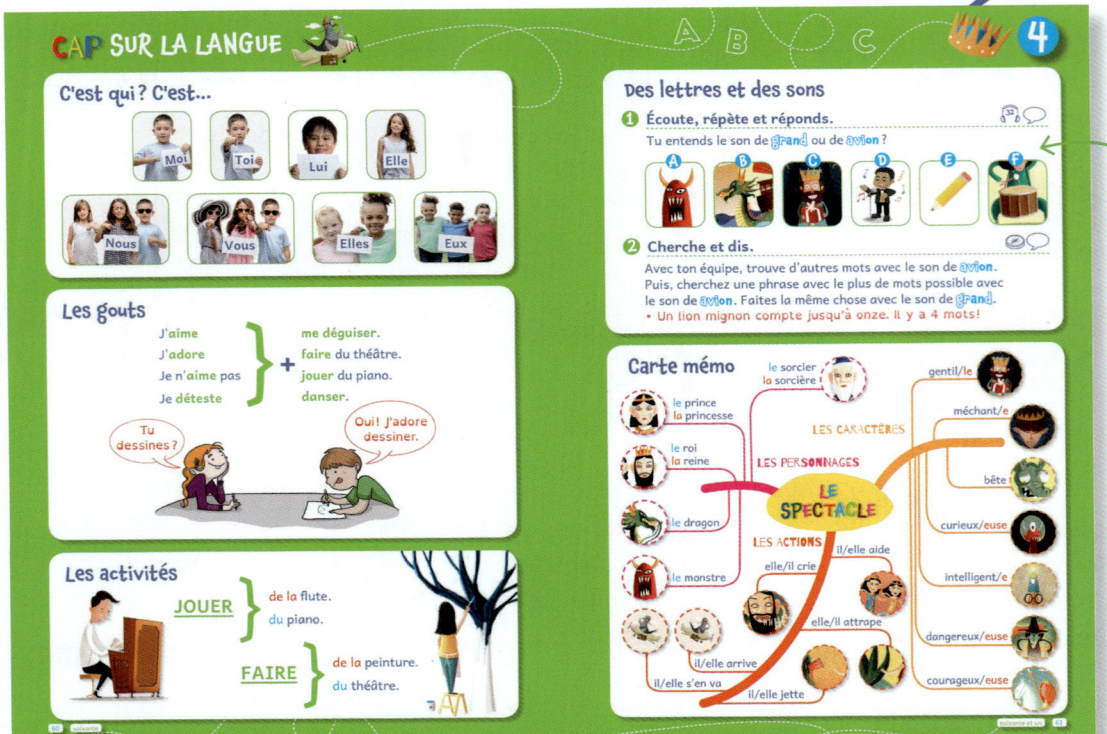

Des activités de phonétique et de phonie-grap[hie]

Une carte mentale illustré[e]

2 Trois doubles-pages de leçon

Des jeux pour stimuler la production orale

Une démarche progressive et ludique

Des consignes simples et illustrées

Une police et une mise en page adaptées aux élèves DYS

Une vidéo authentique par unité (dessin animé, bande annonce, clip, court-métrage, sketch, etc.)

Des activités manuelles, ludiques et créatives pour pratiquer la langue en contexte

5 Une page interculturelle

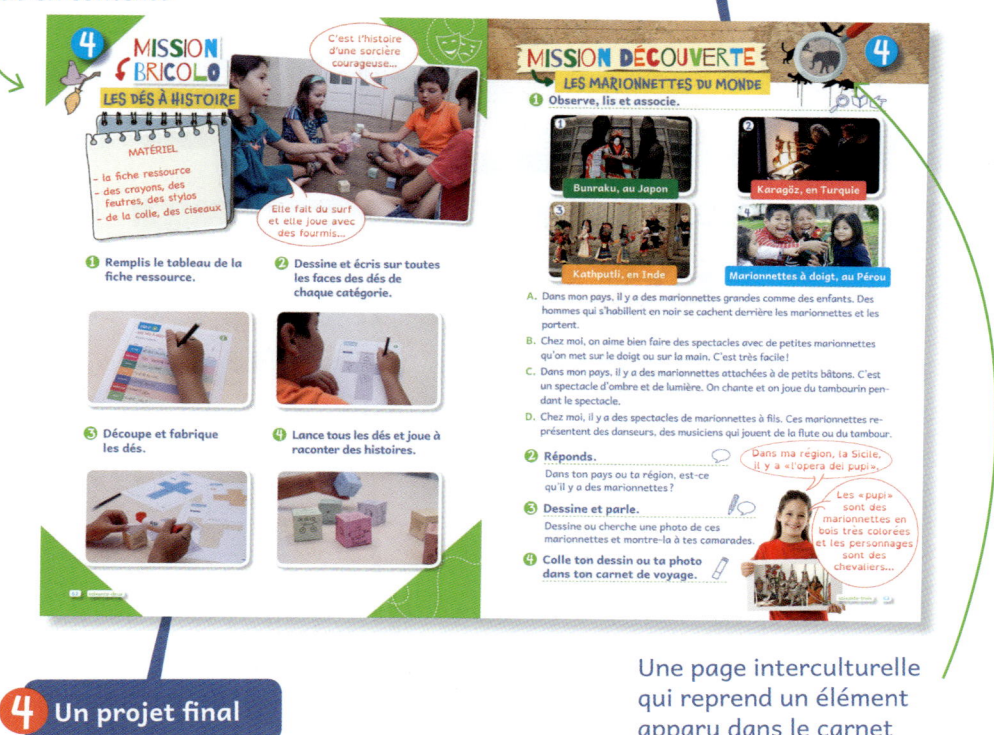

4 Un projet final

Une page interculturelle qui reprend un élément apparu dans le carnet de voyage

sept 7

DYNAMIQUE DU CAHIER

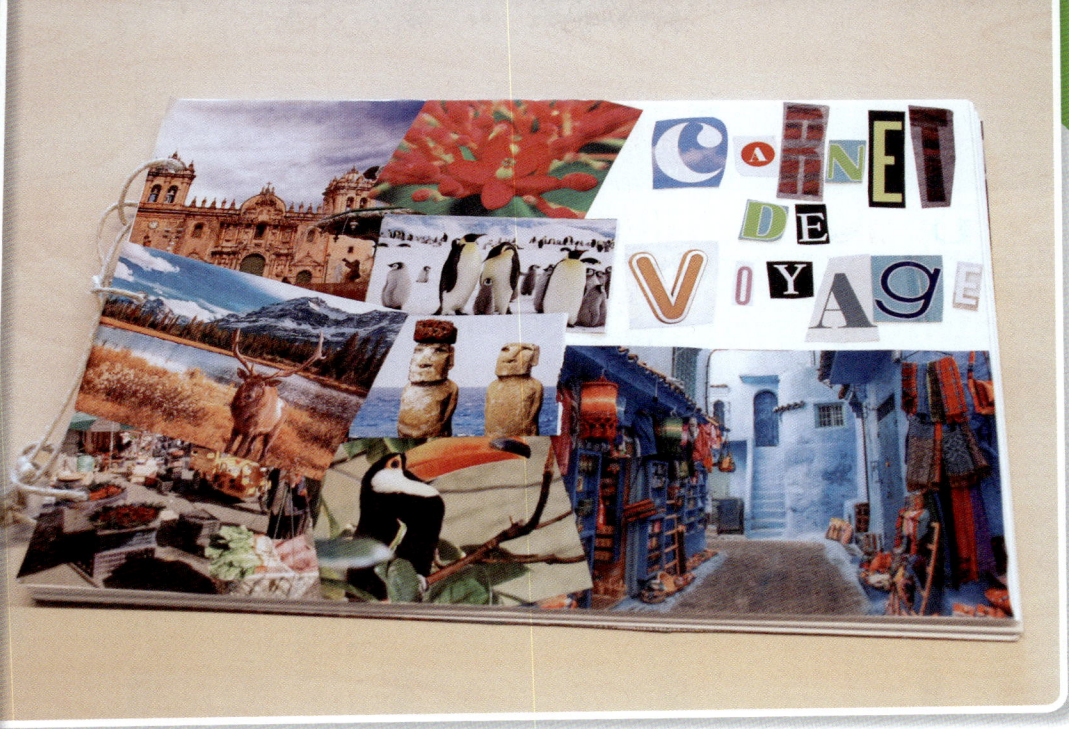

5 **Perfore les feuilles et la couverture.**

6 **Assemble ton carnet avec de la ficelle.**

7 **Quand tu finis une mission découverte, colle ta photo ou ton dessin dans ton carnet de voyage. Écris ton texte.**

Complète ton carnet de voyage pendant toute l'année.

treize 13

L'AVENTURE CONTINUE

1 Écoute et réponds.

Avec ton doigt, suis ce qu'Hector aime. Emma et Amélie achètent quel cadeau ? • Elles achètent…

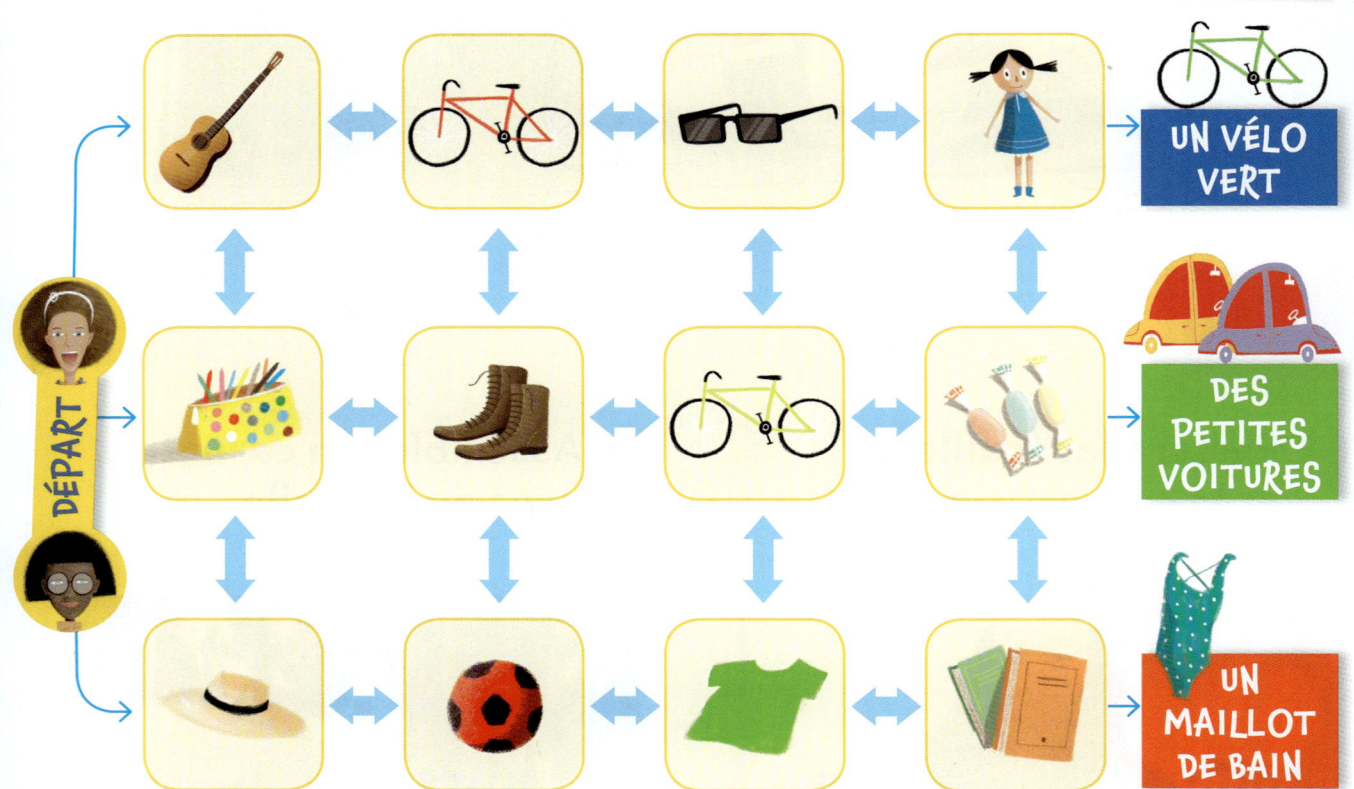

2 Parle.

Dis à ton/ta camarade ce que tu aimes et il/elle suit le chemin avec son doigt.
• Moi j'adore la musique, j'aime les vélos rouges…

JOUE — DANS MA VALISE

A. Tu mimes un objet que tu veux mettre dans ta valise.

B. Ton/Ta voisin/e de gauche devine ton objet et en ajoute un autre en le mimant.

C. Vous continuez ainsi. Si quelqu'un se trompe, il est éliminé.

Des lunettes !

Des lunettes et des chaussettes !

3 Observe et réponds.

Qui est qui ?

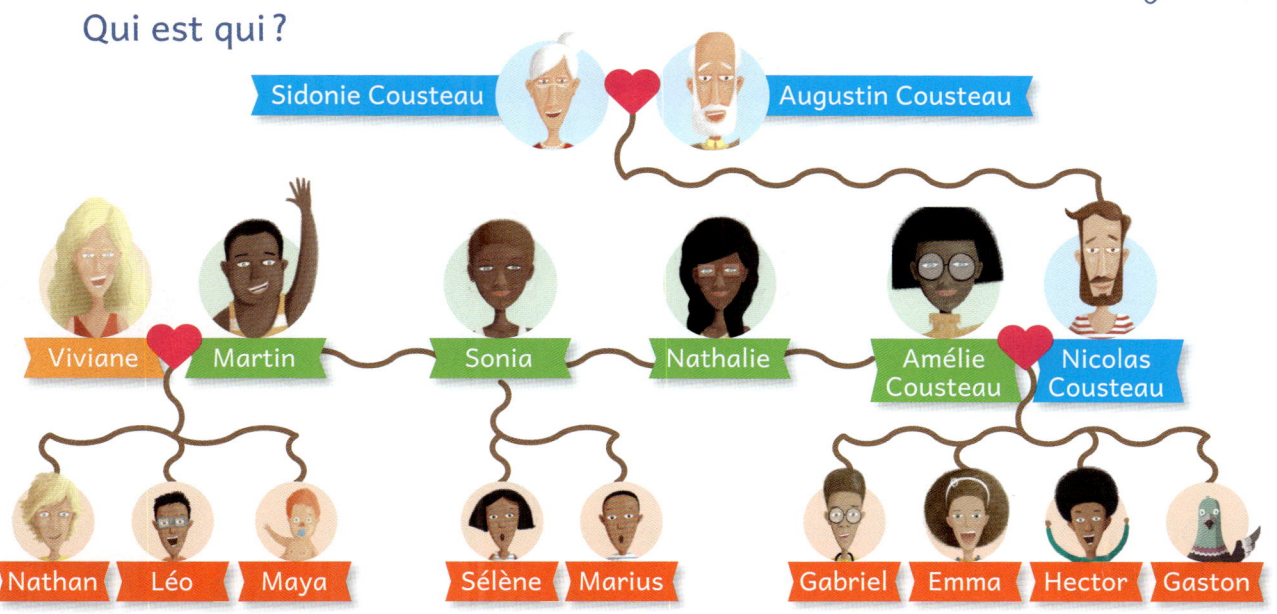

- **A.** C'est le cousin d'Emma et le frère de Léo. • C'est Nathan.
- **B.** C'est le père de Nicolas.
- **C.** C'est la grand-mère d'Hector.
- **D.** C'est la sœur de Marius.
- **E.** C'est le frère d'Amélie et le mari de Viviane.
- **F.** C'est le pigeon des Cousteau.

4 Lis, associe et remets dans l'ordre.

- **A.** Associe les textes aux images.
- **B.** Remets les étapes du voyage dans l'ordre.

09/10	15/09	06/04	03/03
Super maison au Canada. On adore les couleurs de l'automne !	Dernier pique-nique à Paris. C'est bientôt le départ.	À Dakar, on fait les courses au marché !	Après la neige, nouvelle destination : vive la plage et le soleil de la Guadeloupe !

quinze 15

UNITÉ 1
LA TRAVERSÉE

1 Observe et trouve.

Où va la famille Cousteau ? Barre les lettres jaunes et bleues.

2 Observe le carnet de voyage. Dis ce que tu vois.

- Je vois un bus…

3 Observe et réponds.

À quelle distance est Paris ? Londres ? New York ? Pékin…

- Paris est à 4000 km.

4 Observe et réponds.

Quel est le métier d'Amélie ?

LEÇON 1 — TU RÊVES D'ALLER OÙ ?

1 Écoute et montre.

RÈGLEMENT de l'auberge de jeunesse

1. Il faut dire « bonjour ».
2. Il faut dormir avant 22 h.
3. Il ne faut pas manger dans la chambre.
4. Il faut ranger la chambre.
5. Il faut jeter les papiers à la poubelle.
6. Il ne faut pas faire de bruit.

2 Parle et dessine.

Dis à ton/ta camarade ce qu'il faut faire chez toi.
Il/Elle dessine un panneau.

- Il faut mettre la table…

3 Observe et dis.

Les Cousteau dorment. De quoi ils rêvent ?

- Emma rêve d'aller dans la savane.

18 dix-huit

la montagne — la jungle — la savane

le désert — la mer — la forêt

4 **Observe et parle.**

Tu rêves d'aller où ? Pourquoi ?
Regarde la carte du monde page 126. Cherche les paysages et dis.
- Je rêve d'aller en Asie, parce qu'il y a la jungle et la montagne.

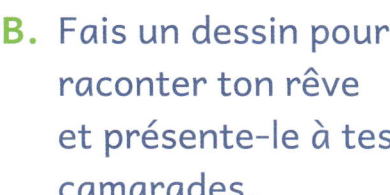

A. Allonge-toi, ferme les yeux et écoute.

B. Fais un dessin pour raconter ton rêve et présente-le à tes camarades.

- Je suis dans la savane. Il fait très chaud…

Dis-moi Dimitri : les paysages d'Afrique

dix-neuf 19

LEÇON 2 TU HABITES OÙ ?

1 Écoute, montre et réponds.

Ils/Elles habitent dans quelle ville ?
• Naomi habite à New York.

2 Observe, cherche et réponds.

C'est dans quel pays ?
• Paris, c'est en France.

Paris		en France
Rome		aux États-Unis
Mexico		au Canada
New York		au Mexique
Pékin		en Italie
Montréal		en Chine

JOUE — **LES DÉS DU VOYAGE**

A. Dessine ton drapeau sur le dé.
B. Fabrique tes dés.
C. Lance les deux dés en même temps et dis comment tu voyages.

Je vais en Allemagne en voiture !

3 Lis et associe.

| Il est italien. | Elle est chinoise. | Il est mexicain. |
| Elle est française. | Il est canadien. | Elle est américaine. |

Ⓐ   Ⓑ   Ⓒ   Ⓓ   Ⓔ   Ⓕ

4 Écoute et réponds.

Quelle/s langue/s ils/elles parlent ?
- Naomi parle anglais et elle apprend le français à l'école.

5 Dessine, écris et parle.

Complète ton visage et les bulles, et parle avec ton/ta camarade.
- Je parle français et anglais. J'entends le français à la maison et l'anglais à l'école. Je rêve d'apprendre l'espagnol et le chinois.

vingt-et-un 21

LEÇON 3 TU VEUX FAIRE QUOI COMME MÉTIER ?

❶ **Observe, associe et réponds.**

Qui est qui ?
- C'est Omar, le vendeur.

un vendeur
une vendeuse

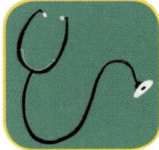
un docteur
une docteure

un vétérinaire
une vétérinaire

un professeur
une professeure

un pharmacien
une pharmacienne

un navigateur
une navigatrice

❷ **Écoute et réponds.**

A. Qui parle ? C'est Omar.
B. Il/Elle travaille où ? Il travaille au marché.

22 vingt-deux

③ Lis et réponds.

Qu'est-ce qu'il/elle veut faire comme métier ?

- Emma veut être docteure.

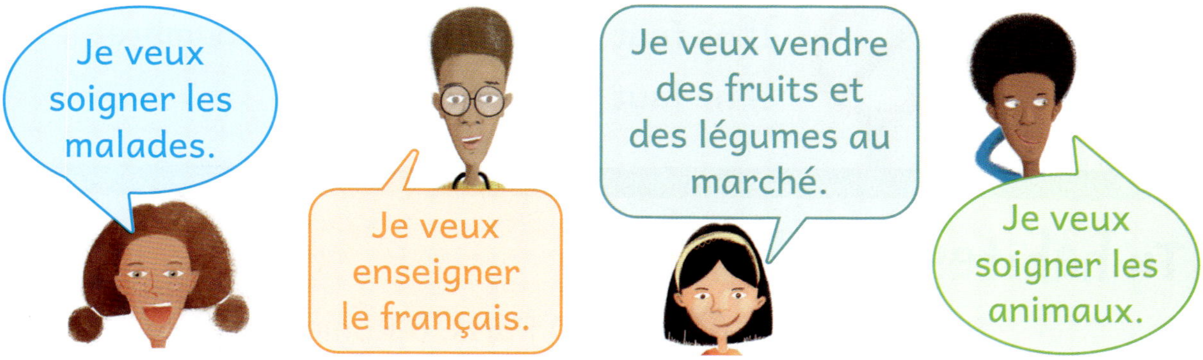

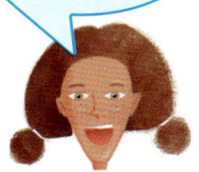

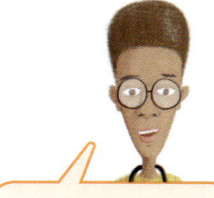

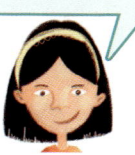

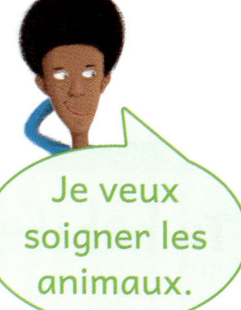

Je veux soigner les malades.
Je veux enseigner le français.
Je veux vendre des fruits et des légumes au marché.
Je veux soigner les animaux.

④ Parle.

Demande à tes camarades ce qu'ils/elles veulent faire comme métier.

- Tu veux faire quoi comme métier ?
- Je veux être vétérinaire.

JOUE

FICHE

LE MEMORY DES MÉTIERS

A. Pose les cartes métiers sur la table, face cachée.

B. Retourne deux cartes. Dis les métiers que tu vois.

C. Si c'est une paire, tu gagnes les cartes et tu rejoues. Sinon, c'est à un/e camarade de jouer.

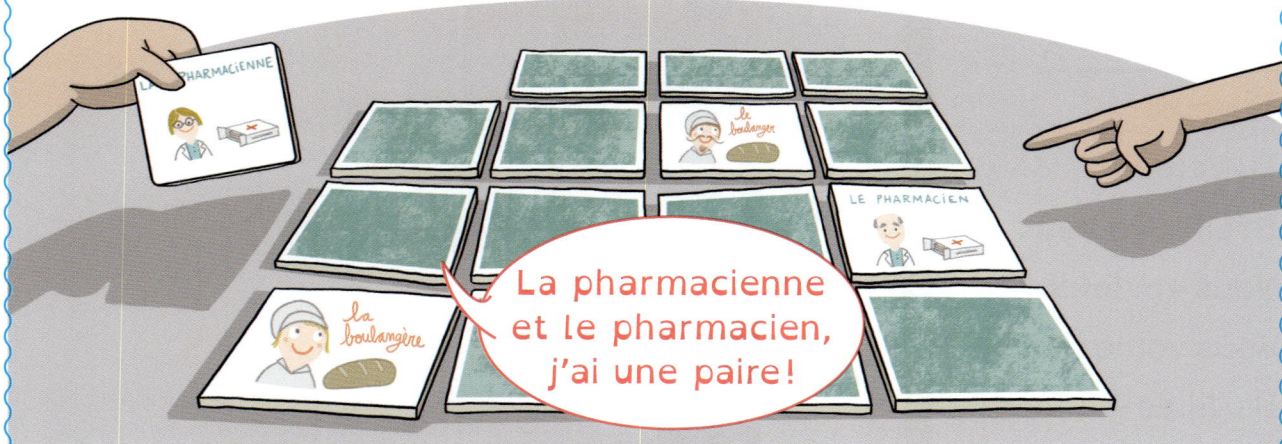

PHARMACiENNE
le boulanger
LE PHARMACIEN
la boulangère
La pharmacienne et le pharmacien, j'ai une paire !

⑤ ÉCOUTE ET CHANTE Je ne sais pas quoi choisir.

07

CAP SUR LA LANGUE

Il faut...

 Il **faut** ranger sa chambre.
Il **faut** dire bonjour.

 Il **ne** faut **pas** manger dans la chambre.
Il **ne** faut **pas** faire de bruit.

Tu habites où ?

J'habite
Je suis
Je vais
Je rêve d'aller

} à Paris, à Rome....
en France.
au Canada.
aux États-Unis.

Tu veux faire quoi comme métier ?

VOULOIR
Je **veux**
Tu **veux**
Il/Elle/On **veut**
Nous voul**ons**
Vous voul**ez**
Ils/Elles **veulent**

} + être

 pharmac**ien** / pharmaci**enne**
 vend**eur** / vend**euse**
 profess**eur** / profess**eure**
  doct**eur** / doct**eure**
 naviga**teur** / naviga**trice**
 journalist**e** / journalist**e**
 vétérinair**e** / vétérinair**e**

24 vingt-quatre

Des lettres et des sons

1 Écoute et montre.

 A
 B
 C

2 Écoute et montre.

PHARMACIENNE   **FR**ANCE   **F**ORÊT
PHOTOGRA**PH**E   PRO**F**ESSEUR   **F**RUIT

Carte mémo

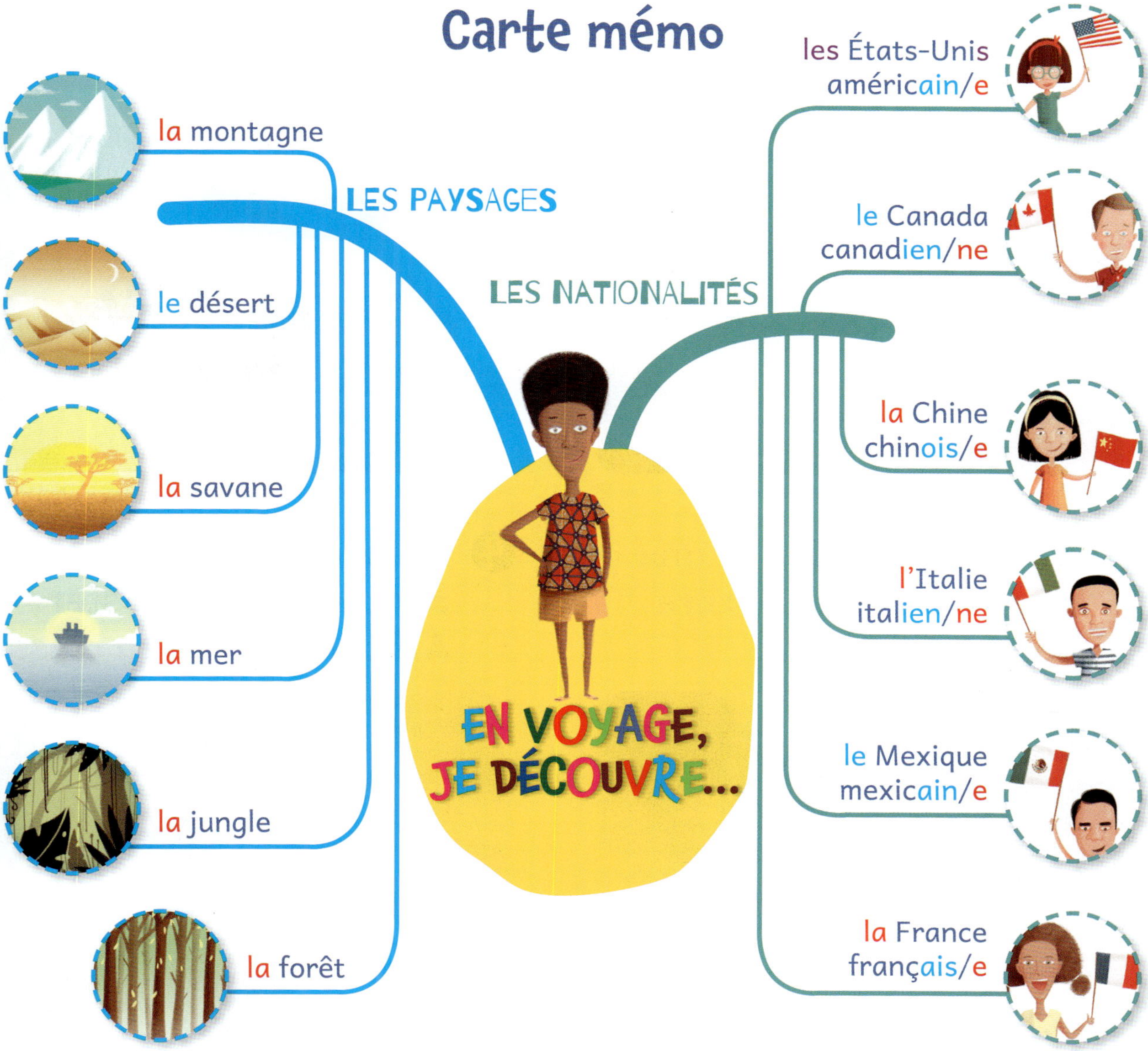

LES PAYSAGES
- la montagne
- le désert
- la savane
- la mer
- la jungle
- la forêt

EN VOYAGE, JE DÉCOUVRE...

LES NATIONALITÉS
- les États-Unis — américain/e
- le Canada — canadien/ne
- la Chine — chinois/e
- l'Italie — italien/ne
- le Mexique — mexicain/e
- la France — français/e

vingt-cinq 25

MISSION BRICOLO

LE POSTER DES RÈGLES DE LA CLASSE

MATÉRIEL
- un appareil photo
- une imprimante
- une grande feuille
- de la colle, des ciseaux
- des crayons, des feutres

Voici les règles de la classe.

1 Décide les règles de ta classe avec tes camarades.

2 Joue les scènes. Ton/Ta professeur/e prend des photos.

3 Écris les règles sur une grande feuille. Décore ton poster.

4 Imprime, puis colle les photos sur ton poster. Affiche-le dans ta classe.

26 vingt-six

MISSION DÉCOUVERTE

LES MÉTIERS INSOLITES

1 **Observe et associe.**

Quel métier ils/elles font ? Où ?

• Ils sont nounous pour pandas en Chine.

- nounou pour pandas
- testeur/euse de toboggan
- sauteur/euse sur matelas
- moniteur/trice de surf pour chiens

en Angleterre

en Chine

en France

aux États-Unis

2 **Dessine ou cherche une photo d'un métier que tu aimes et montre-la à la classe.**

3 **Colle ton dessin ou ta photo dans ton carnet de voyage.**

Je veux être testeuse de chocolat en Suisse !

vingt-sept 27

UNITÉ 2
LE SAFARI

1 Cherche et réponds.

Enlève toutes les lettres en double.
Quel est le rêve d'Emma ?

2 Écoute, observe et réponds.

Suis l'itinéraire sur la carte.
Où va la famille Cousteau ? • Ils vont...

3 Observe et parle.

Explique à ton/ta camarade l'itinéraire en bus pour aller à l'hôpital des animaux.
Il/Elle suit le chemin avec son doigt.
• Va tout droit...

4 Observe le carnet de voyage et écris ce que tu vois.

En une minute, écris le plus de mots possible, compare avec tes camarades.
• Une montagne...

28 vingt-huit

LEÇON 1 ON VA FAIRE QUOI ?

❶ Écoute, montre et parle.

Montre et dis ce qu'ils vont faire demain.

• Ils vont se lever tôt.

se lever tôt   rentrer en France   prendre le train   faire un safari

voir des lions   voir des gorilles   prendre des photos

❷ Observe et réponds.

Qu'est-ce qu'ils vont voir ? Qu'est-ce qu'ils ne vont pas voir ?

• Ils vont voir un lac. Ils ne vont pas voir de lion.

❸ Dessine et parle.

Demain, Gaston ne va pas aller au parc national. Imagine ce qu'il va faire. Dessine et explique à tes camarades.

• Il va faire du surf.

4 Écoute, associe et réponds.

A. Écoute la conversation d'Emma et associe chaque étiquette au jour.

`après-demain`   `demain`   `la semaine prochaine`   `ce weekend`

Jeudi   Vendredi   Samedi et Dimanche   Lundi

B. Dis ce que la famille Cousteau va faire.
• Demain, jeudi, ils vont aller au parc national.

5 Observe et réponds.

Mamie Chou explique son programme : qu'est-ce qu'elle va faire ?
• Cet après-midi, elle ne va pas dormir, elle va…

Cet après-midi

Ce soir avec papi

LE PUISSANCE 4 DU FUTUR

Ce soir, je vais manger des pâtes.

A. Il y a 2 équipes dans la classe et une grille au tableau.

B. Chaque équipe dit une phrase au futur. Si c'est correct, un/e camarade met une croix ou un rond dans la case.

C. La première équipe qui a 4 croix ou 4 ronds alignés a gagné.

trente-et-un 31

LEÇON 2 IL A COMBIEN DE PATTES ?

1 **Observe et parle.**

Dis ce que tu vois.
- Les Cousteau sont dans la voiture. Il y a un crocodile. Il est vert…

2 **Observe, écoute et réponds.**

C'est quel animal ?

les pattes   la queue   les dents   les moustaches

le bec    les ailes    les plumes   les poils

3 **Observe et parle.**

Décris un autre animal, tes camarades devinent.
- Il a une queue…

4 Lis et associe.

 la tortue    le perroquet  la grenouille    la gazelle

A Elle vit dans la savane. Elle mange des feuilles. Elle **SAUTE** et elle **COURT** vite.

B Elle vit dans l'eau et sur la terre. Elle mange des petits animaux. Elle **NAGE** et elle **SAUTE**.

C Elle vit dans l'eau. Elle mange des poissons. Elle **NAGE** et elle **MARCHE** lentement.

D Il vit dans les arbres. Il mange des fruits. Il **MARCHE** et il **VOLE**.

JOUE — LE JAKADI DE LA SAVANE

 1. « Vole comme un oiseau ! »

 2. « Vole comme un éléphant ! »

A. Écoute ton/ta professeur/e.
B. Mime l'action seulement si c'est possible. Si tu te trompes, tu ne joues plus.
C. Le/La gagnant/e prend la place du/de la professeur/e.

trente-trois 33

LEÇON 3 EST-CE QU'IL PEUT NAGER ?

1 Écoute, montre et dis.

• 1. C'est le E. Oui, on peut faire des vidéos.

2 Observe et parle.

Explique les autres règles du parc.

3 Lis et réponds.

Qu'est-ce que tu penses ?

A. Est-ce qu'on peut donner à manger aux animaux ?
  • Non, on ne peut pas donner à manger aux animaux.
B. Est-ce qu'on peut nager avec les crocodiles ?
C. Est-ce qu'on peut poser des questions ?
D. Est-ce qu'on peut faire un piquenique dans la savane ?

4 ÉCOUTE ET CHANTE ▶ Est-ce que tu peux ?

5 Observe et réponds.

Pourquoi est-ce que ces animaux sont à l'hôpital ?
Qu'est-ce qu'ils ne peuvent pas faire ?

• A. Les bébés léopards sont à l'hôpital parce qu'ils ont mal à la patte. Ils ne peuvent pas courir.

    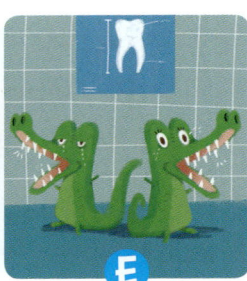

34 trente-quatre

VIDÉO

«Rollin' Safari.»

6 Observe et parle.

Choisis une question. Ton/Ta camarade trouve la bonne réponse.
- Comment est-ce qu'elle est ?
- Elle a deux pattes, des ailes, des plumes et un bec. C'est le 6 !

Comment est-ce qu'elle est ?   Comment est-ce qu'elle se déplace ?

De quelle couleur est-ce qu'elle est ?   Qu'est-ce qu'elle mange ?

Où est-ce qu'elle vit ?   Combien d'années est-ce qu'elle peut vivre ?

JOUE — LE GRAND QUIZ DES ANIMAUX

A. Tu pioches une carte et tu lis la question.

B. Chaque équipe réfléchit et donne sa réponse.

C. Tu lis la réponse et tu décides quelles équipes gagnent le point.

Est-ce qu'un poisson peut marcher ?

Non !!!

Oui, il y a un poisson qui marche !

trente-cinq 35

CAP SUR LA LANGUE

C'est quand ?

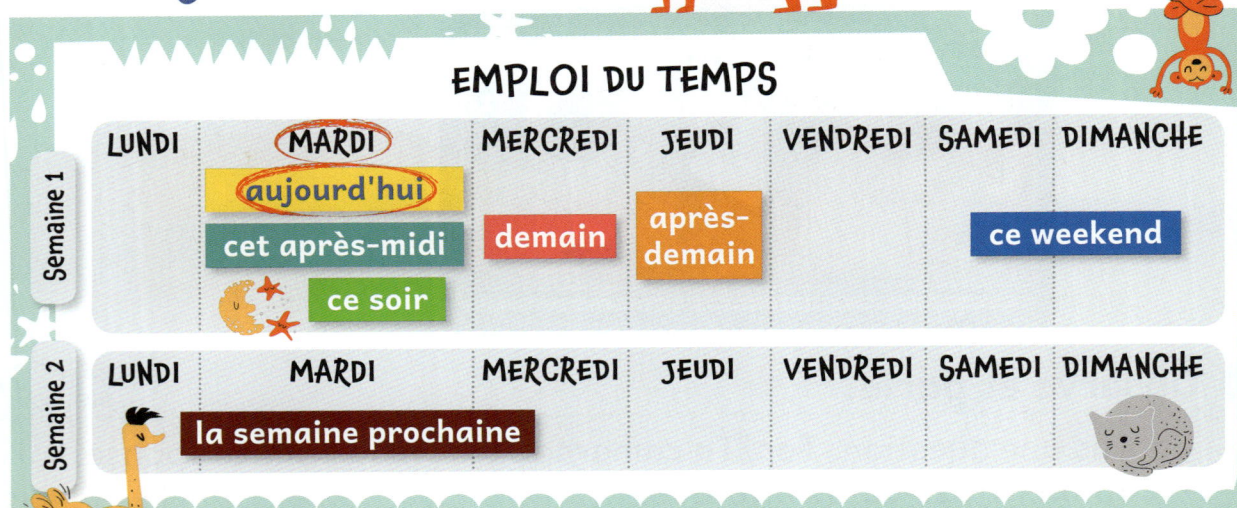

Qu'est-ce qu'on va faire demain ?

ALLER

Je **vais**
Tu **vas**
Il/Elle/On **va**
Nous **allons**
Vous **allez**
Ils/Elles **vont**

+ **prendre** l'avion.
voir un gorille.
rester à l'hôtel.

Il **va** dormir.
Il **ne va pas faire** le safari.

Je **vais aller** au marché.
Je **ne vais pas regarder** la télévision.

Je peux faire beaucoup de choses !

POUVOIR

Je **peux**
Tu **peux**
Il/Elle/On **peut**
Nous **pouvons**
Vous **pouvez**
Ils/Elles **peuvent**

+ **courir**
nager
voler

Ils **peuvent** marcher.

Ils **ne peuvent pas** marcher.

36 trente-six

Des lettres et des sons

1 Écoute et répète.

 ①  ②   ③  ④

2 Écoute, montre et répète.

UNE TORTUE   UN GORILLE   UN ARBRE
UN PERROQUET   UN CROCODILE
BONJOUR   AU REVOIR

Carte mémo

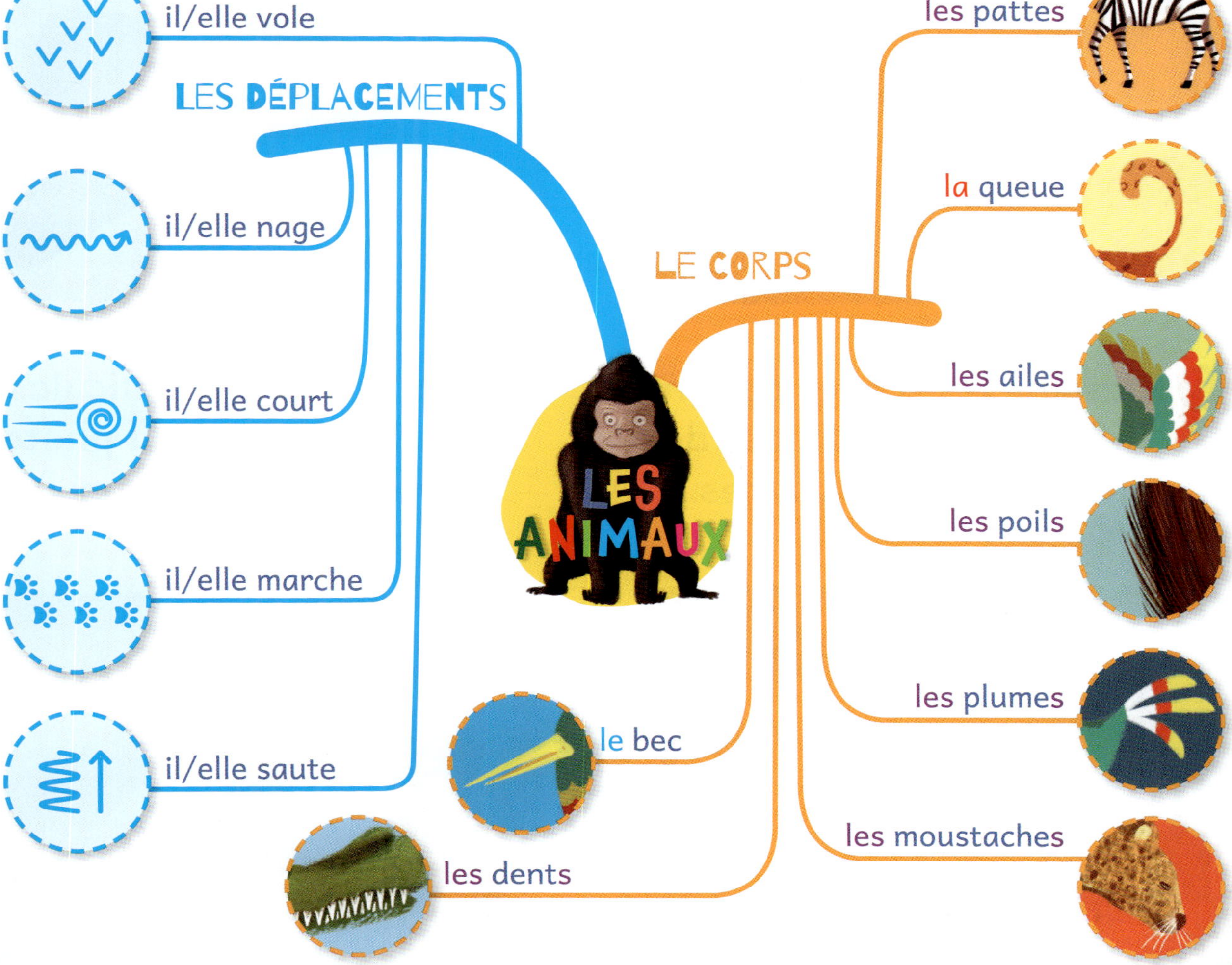

LES DÉPLACEMENTS
- il/elle vole
- il/elle nage
- il/elle court
- il/elle marche
- il/elle saute

LES ANIMAUX

LE CORPS
- les pattes
- la queue
- les ailes
- les poils
- les plumes
- les moustaches
- le bec
- les dents

trente-sept 37

MISSION BRICOLO

MON SAFARI PHOTO

MATÉRIEL

- la fiche ressource
- des feuilles cartonnées
- des crayons
- des feutres
- des ciseaux

① Colle la fiche ressource de l'appareil photo sur une feuille cartonnée.

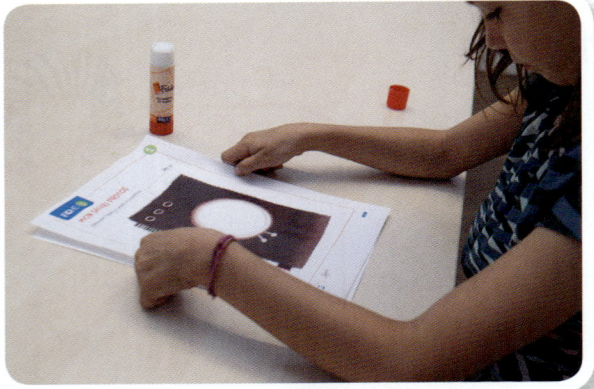

② Découpe l'appareil photo et la pellicule de la fiche ressource.

③ Dessine les scènes de ton safari sur la pellicule : des animaux, des paysages…

④ Fais passer ta pellicule à travers l'appareil photo et raconte ton safari à tes camarades.

MISSION DÉCOUVERTE
LES ANIMAUX PROTÉGÉS

2

1 Écoute, montre et réponds.

Qu'est-ce qu'il faut faire pour protéger cet animal ?

la tortue, en Espagne

l'éléphant, au Kenya

l'orang-outan, en Indonésie

l'ours polaire, au Groenland

2 Dessine et parle.

Tu penses qu'il faut protéger un animal dans ton pays ?
Quel animal ? Pourquoi ? Comment ?

3 Colle ton dessin ou ta photo dans ton carnet de voyage.

Il faut protéger les grenouilles, parce que la nuit elles marchent sur la route et c'est dangereux. On peut faire une route sous la terre.

trente-neuf 39

UNITÉ 3
LES SAVEURS DU VIETNAM

❶ Observe et réponds.

Avec quoi on mange au Vietnam ?
En France ?
- Au Vietnam, on mange avec…

❷ Observe et parle.

Avec ton/ta camarade, pose un maximum de questions sur le carnet.
Il/Elle te répond.
- Qui est la petite fille avec Gabriel ?
- C'est Mai, son amie vietnamienne.

❸ Sur la carte du monde p.126, cherche et montre le symbole du Vietnam, le pays et le continent.

RECETTE POUR CRÊPES

3 œufs

3 cuillères de sucre

... d'huile

Un peu de beurre

... de lait

Super dîner avec nos amis vietnamiens Maï, ses parents et sa petite sœur

Les Saveurs du Vietnam
RESTAURANT

PHO BÒ TRADITIONNEL
nouilles, bœuf, épices, bouillon
106079,69 VND

PHO VÉGÉTARIEN
nouilles, légumes, tofu, bouillon
132599,62 VND

PHO POULET
nouilles, légumes, poulet, bouillon
106079,69 VND

quarante-et-un

LEÇON 1 VOUS VENEZ DINER ?

1 **Observe, lis et réponds.**

Qui invite qui ? Pour quoi faire ?

A — 11h35 — Famille Cousteau
Salut Mai ! 😊
Je t'invite chez moi pour cuisiner des crêpes au chocolat !
Tu viens demain à 16 h ?
Bises, Gabriel 😘😋

B — 17h11 — Famille Dang
Chère famille Cousteau, vous voulez venir avec nous au restaurant Les Saveurs du Vietnam ? Vendredi soir à 8 h pour un diner vietnamien ! Vous pouvez confirmer au numéro de téléphone : 028 6280 7319 ?
Merci, à bientôt ! 🇻🇳
La famille Dang 😘

C — 14h42 — Famille Dang
Gabriel, Emma et Hector, vous venez au cinéma avec ma petite sœur et moi jeudi après-midi ? Il y a un film pour les enfants.
Ça va être super !
Mai 😋

2 **Écoute les réponses aux invitations et associe.**
• 1. C'est la réponse à l'invitation de...

3 **Écoute et réponds.**
Est-ce qu'il/elle accepte ou est-ce qu'il/elle refuse ?
• Gabriel et Emma acceptent, mais...

4 **Parle.**
Ton/Ta camarade t'invite. Tu pioches une réponse et tu acceptes ou tu refuses son invitation.
• Tu viens au cinéma avec moi, vendredi soir à 20h ?

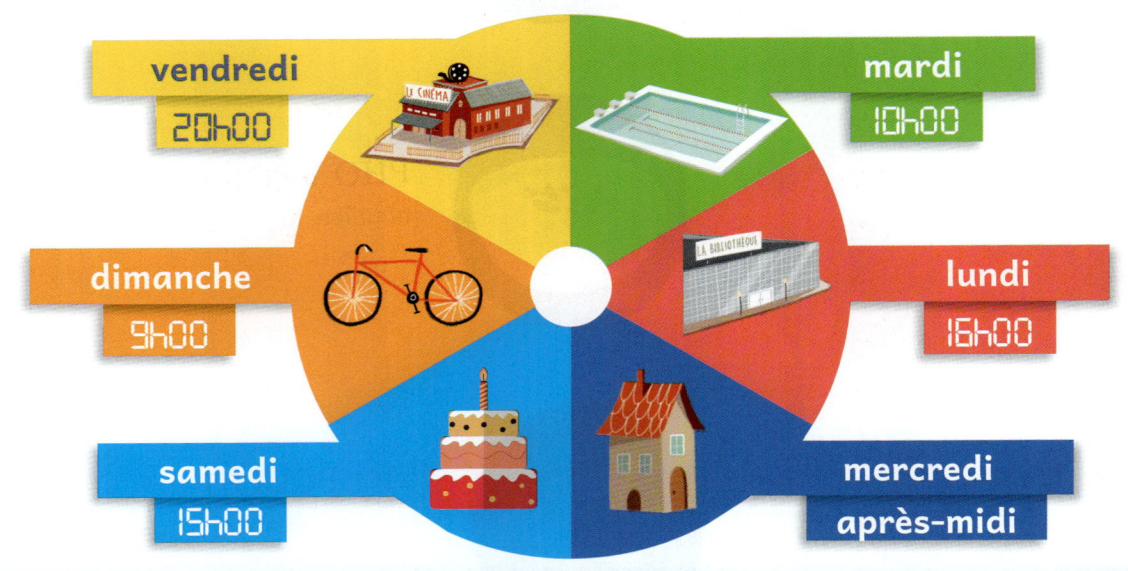

- vendredi 20h00
- mardi 10h00
- lundi 16h00
- mercredi après-midi
- samedi 15h00
- dimanche 9h00

❺ Observe et réponds.

Qu'est-ce que les Cousteau doivent faire avant le diner avec la famille Dang ?

• Hector doit se lever.

PASSONS GASTON

JOUE

A. Tu tiens Gaston dans les mains et dis une règle pour passer de l'autre côté.

B. Les camarades qui correspondent à la règle peuvent passer, les autres doivent courir vite. Essaie de les attraper.

C. Les camarades attrapés/ées se mettent en file avec Gaston et disent une nouvelle règle.

D. Le/La dernier/ière qui reste libre gagne la partie.

Gaston, comment nous passons ?

Vous devez porter des lunettes !

LEÇON 2 QU'EST-CE QU'ON CUISINE ?

1 Écoute et montre.

Gabriel et Mai vont cuisiner des crêpes. Nicolas explique les ingrédients qu'ils doivent prendre.

2 Parle.

Tu fermes les yeux. Ton/Ta camarade retire un ingrédient et le cache. Tu devines quel élément il manque pour la recette.

3 ÉCOUTE ET CHANTE Des crêpes au chocolat.

VIDÉO

Yassa de poulet

44 quarante-quatre

3

4 Lis, associe et réponds.

Comment on fait des crêpes ?
- 1. Mettez la farine...

Mettez la farine dans un bol et cassez 3 œufs.

Attendez une minute, retournez la crêpe et faites cuire l'autre côté. Attention, ne la brulez pas !

À table, bon appétit !

Faites chauffer la poêle et versez une grosse cuillère de pâte.

Ajoutez le sucre, l'huile et le beurre.

Mélangez avec une cuillère et ajoutez le lait à la pâte.

5 Lis et parle.

Choisis un repas. Tu manges quoi ?
- Au petit déjeuner, je mange du riz...

| le petit déjeuner | le déjeuner | le gouter | le diner |

JOUE

J'ajoute du sel

DRÔLE DE POPOTE

A. Mettez-vous en cercle.

B. Un/e camarade dit une étape d'une recette et mime, les autres miment comme lui/elle.

C. Tu ajoutes une nouvelle étape et un nouveau geste. Tu répètes l'étape et le mime de ton/ta camarade.

quarante-cinq 45

LEÇON 3 TU VEUX CES BAGUETTES ?

❶ Observe, écoute et réponds.

De quoi ils/elles parlent ? Montre.
- Emma parle de la chaise verte. Elle est là.

❷ Écoute, montre et dis.

A. Emma s'assied sur…
- Emma s'assied sur cette chaise.

cette chaise.   ce canapé.

B. Nicolas veut manger un peu de…

cette soupe.   ces légumes.

C. En France, Gabriel aime manger…

cet aliment.   ce plat.

46 quarante-six

3 Parle.

Ton/Ta camarade te pose une question, tu choisis, tu montres et tu réponds en t'aidant des étiquettes.

- Qu'est-ce que tu préfères comme plat ?
- Je préfère ce plat, c'est de la soupe.

un plat **une activité** **un aliment** **des vacances** **un animal**

JOUE — MONTRE ET DIS

Une chose ronde

Cette orange !

A. En petits groupes, lancez le dé et lisez le thème.
B. Le/La premier/ère qui trouve quelque chose et dit le mot gagne un point.

CAP SUR LA LANGUE

Je montre

ce plat — cette recette — cet ustensile — ces ingrédients

Qu'est-ce que tu dois faire ?

DEVOIR
Je dois
Tu dois
Il/Elle/On doit
Nous devons
Vous devez
Ils/Elles doivent

+ lire la recette.
acheter les ingrédients.
préparer les ustensiles.

Je dois mélanger la pâte.
Je ne dois pas bruler les crêpes.

OUI
Bois ce jus !
Mangez cette soupe !

NON
Ne brule pas les crêpes !
Ne brulez pas la pizza !

Tu viens cuisiner ?

VENIR
Je viens
Tu viens
Il/Elle/On vient
Nous venons
Vous venez
Ils/Elles viennent

11h35
Famille Cousteau

Salut Mai ! 😊

Je t'invite chez moi pour cuisiner des crêpes au chocolat !

Viens demain à 16 h.

Bises, Gabriel 😘😘

48 quarante-huit

3

Des lettres et des sons

1 Écoute et répète.

A **B**

2 Écoute, montre et répète.

ONZE   CHAISE   FRANÇAIS   CES   ROUSSE

CETTE   BISOU   PLACE   MAISON   RECETTE

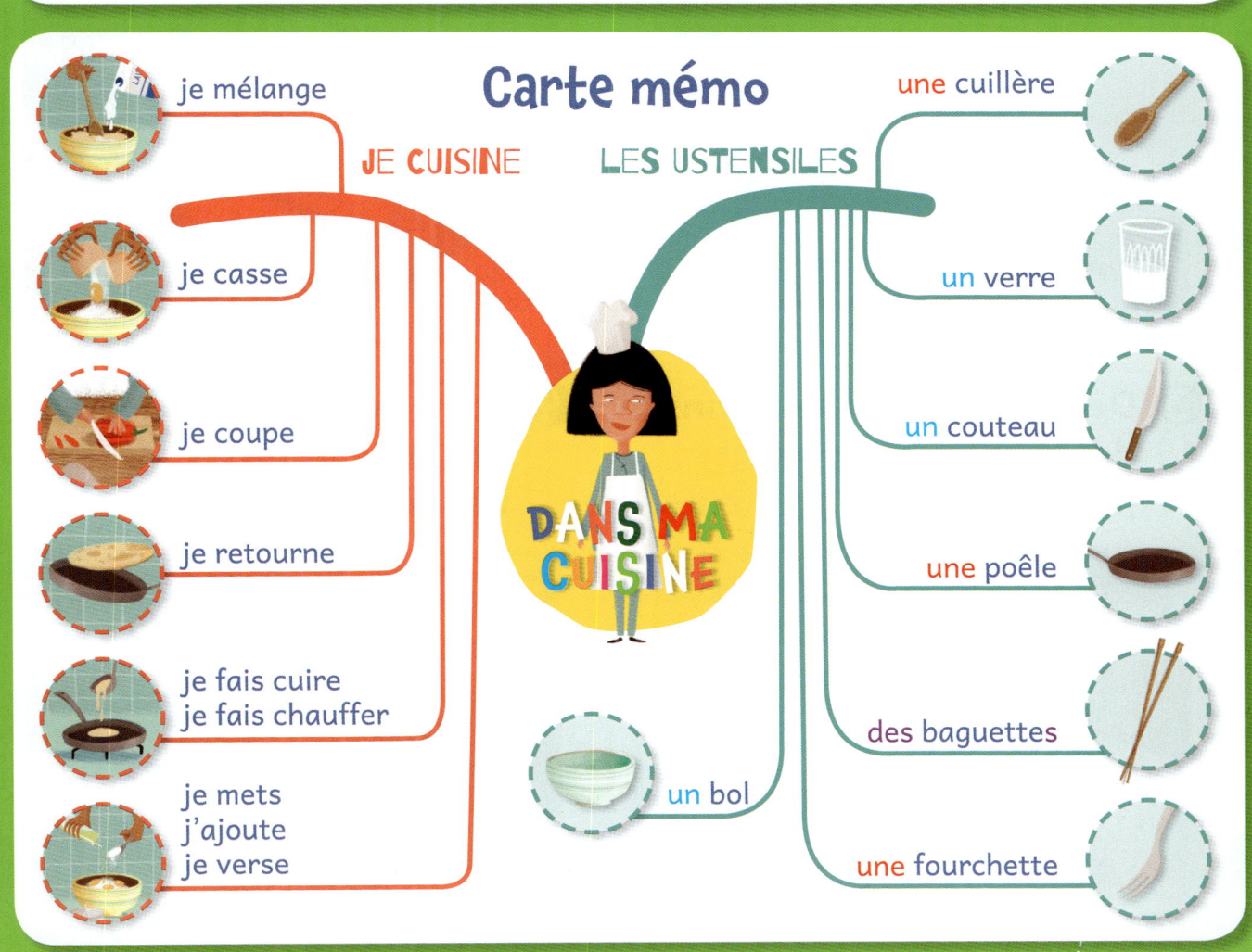

Carte mémo

JE CUISINE

- je mélange
- je casse
- je coupe
- je retourne
- je fais cuire / je fais chauffer
- je mets / j'ajoute / je verse

DANS MA CUISINE

LES USTENSILES

- une cuillère
- un verre
- un couteau
- une poêle
- des baguettes
- un bol
- une fourchette

quarante-neuf 49

3 MISSION BRICOLO

UNE PIZZA COMME AU RESTAURANT

MATÉRIEL
- un carton
- des feuilles de couleur cartonnées
- des ciseaux

Je fais cuire la pizza!

Une pizza avec des champignons et du chocolat!

D'accord. J'ajoute aussi du fromage?

Je note!

1 Découpe un grand cercle dans un carton.

2 Découpe une forme dans une feuille rouge.

3 Découpe des formes dans des feuilles de couleur pour faire les ingrédients.

4 Joue avec tes camarades. Prépare la pizza commandée.

50 cinquante

MISSION DÉCOUVERTE
LES PLATS TYPIQUES

3

1 Écoute, lis et associe.

A

B

C

D

| les tacos au Mexique | le taboulé au Liban | les moules-frites en Belgique | la paella en Espagne |

2 Réponds.

Quel est le plat typique de ton pays ou de ta région ?

3 Dessine ou cherche une photo de ce plat.

4 Cherche la recette de ce plat et écris-la dans ton carnet de voyage. Explique-la à tes camarades et montre ta photo ou ton dessin.

Pour faire du couscous, coupe les légumes...

cinquante-et-un 51

UNITÉ 4
LE SPECTACLE

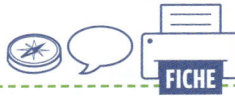

1 **Cherche et réponds.**

Quel spectacle vont voir les Cousteau sur le lac ? Observe les lampions et trouve les lettres de la même couleur.

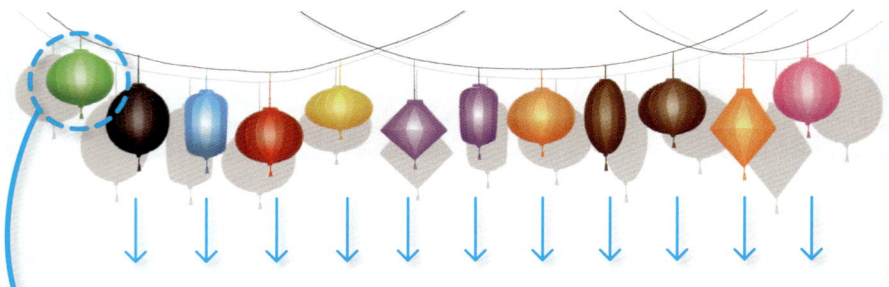

M _ _ _ _ _ _ _ _ _

2 **Cherche et parle.**

Trouve et nomme les animaux.
- Il y a un éléphant…

3 **Parle.**

Imagine. Que vont faire les Cousteau au Vietnam ?
- Ils vont nager dans le lac…

4 **Cherche et réponds.**

Où est Gaston ?

RIZ

5 SPECTACLES PAR JOUR
DU MERCREDI AU DIMANCHE
15h, 16h10, 17h20, 18h30, 20h

SUR LE LAC

Prix : 200.000 dôngs vietnamiens,
80.000 pour les enfants

cinquante-trois 53

LEÇON 1 — TU FAIS DE LA MUSIQUE ?

1 Écoute, montre et réponds.

Il/Elle joue de quel instrument ?
- 1. Il joue du piano.

1. la flute
2. la guitare
3. le tambour
4. le violon
5. le piano

2 Écoute, montre et dis.

c'est elle   c'est lui   c'est eux   c'est elles

3 Dessine et réponds.

Dessine des musiciens/nes. Tes camarades te posent des questions.

Ça, c'est moi : je joue de la guitare.

Et lui, c'est qui ?

Lui, c'est mon cousin, il joue du piano.

4 ÉCOUTE ET CHANTE ▸ On aime faire du rock.

54 cinquante-quatre

4

LA BATAILLE MUSICALE

JOUE

FICHE

A. Jouez à 2, écrivez le nom des 2 joueurs dans les grilles.

B. Découpez et placez vos micros dans votre grille.

C. Essayez de trouver les micros de votre adversaire en faisant des phrases.

Je joue de la guitare ?

Oui, tu joues de la guitare.

Sen   Bao   Anh   Luc   Dao   Tân   Yên

5 Observe, montre et parle.

Dis ce qu'ils/elles font.

- Il/Elle fait du théâtre.
- Il/Elle fait de la musique.
- Il/Elle fait de la peinture.
- Il/Elle fait de la danse.

6 Observe et réponds.

Qu'est-ce qu'il/elle aime faire ?
- A. Sen adore jouer de la guitare.
- Sen aime faire de la musique.

A   B   C   D   E   F

LEÇON 2 — TU TE DÉGUISES EN QUOI ?

❶ Écoute, montre et dis.

• 1. Lui, c'est le roi, elle c'est…

un roi/une reine

un prince/une princesse

un dragon

un sorcier/une sorcière

un monstre

❷ Écoute, montre et réponds.

En quoi il/elle se déguise ?
Qu'est-ce qu'il/elle met comme costume/masque/vêtement ?

• 1 : Gabriel se déguise en…, il met un masque de…

❸ Dessine et parle.

Déguise les Cousteau et tes camarades devinent.

• Nicolas est déguisé en dragon ?
◦ Oui ! C'est ça ! Il est déguisé en dragon.

4

LE CARNAVAL DE LA CLASSE

JOUE

A. Cherchez des vêtements et des accessoires dans la classe.

B. Faites un concours de déguisements.

Je suis le roi de la classe !

Je suis déguisée en pigeon !

4 Observe, lis et associe.

Trouve le titre du livre.
- Le livre A, c'est « La reine courageuse ».

- Le monstre curieux
- Le méchant prince et le gentil roi
- La reine courageuse
- Le sorcier intelligent
- La sorcière dangereuse et le dragon bête

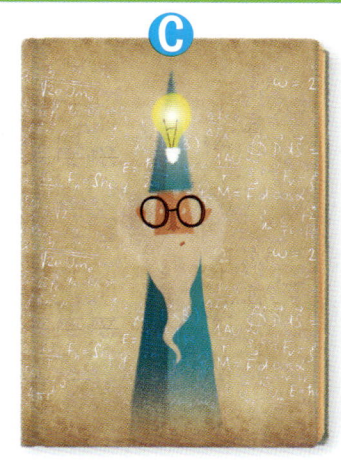

A B C D E

5 Dessine et parle.

Imagine d'autres livres. Dessine la couverture, cache le titre et tes camarades imaginent le titre.
- Le chat méchant ? Le chat dangereux ? Le chat drôle ?

cinquante-sept 57

LEÇON 3 — QU'EST-CE QUE TU ES EN TRAIN DE FAIRE?

❶ Observe et parle.

Décris les images.
- 1. Il y a un roi et une reine. Ils ont une fille...

❷ Lis et associe.

Remets l'histoire dans l'ordre.

A. **Un jour**, le roi nage dans la rivière. Il voit une drôle de queue verte. Il est curieux et il attrape la queue.

B. **Enfin**, le dragon a peur et il s'en va. Le roi sort de l'eau et tout finit bien.

C. **Ensuite**, il voit que c'est la queue d'un dragon. Le dragon est en colère. Il veut manger le roi. Le roi crie : « Au secours ! »

D. **Puis**, la princesse enlève ses chaussures et crie : « Dragon, regarde-moi ! » et elle jette une chaussure sur la tête du dragon.

E. **Au début**, le roi et la reine vivent à côté d'une rivière. Ils ont une fille : une jolie princesse courageuse.

F. **Alors**, la reine et la princesse arrivent à la rivière. La princesse dit : « Il faut aider papa ! »

3 Écoute, associe et dis.

Qu'est-ce que le personnage est en train de faire ?
- 1. C'est l'image 5. La princesse est en train de jeter ses chaussures sur le dragon.

4 Parle.

Dis ce que les personnes sont en train de faire.
- Amélie est en train de prendre des photos.

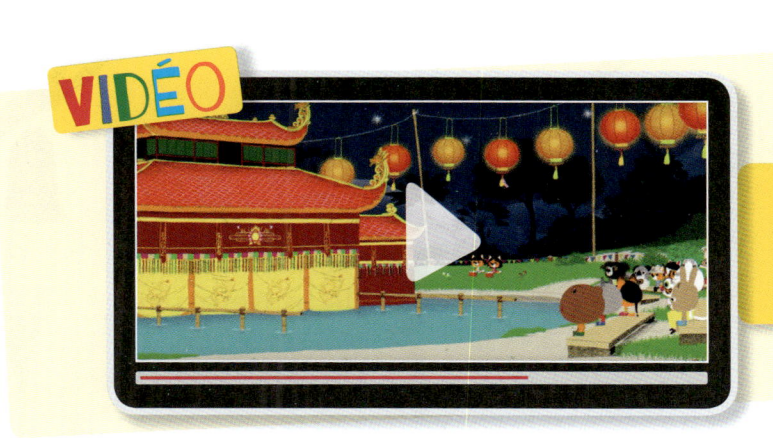

Mouk : le théâtre de marionnettes

CAP SUR LA LANGUE

C'est qui ? C'est...

Moi — Toi — Lui — Elle

Nous — Vous — Elles — Eux

Les gouts

J'aime
J'adore
Je n'**aime** pas
Je **déteste**

+

me déguiser.
faire du théâtre.
jouer du piano.
danser.

Tu dessines ?

Oui ! J'adore dessiner.

Les activités

JOUER
- de la flute.
- du piano.

FAIRE
- de la peinture.
- du théâtre.

60 soixante

4

Des lettres et des sons

1 Écoute, répète et réponds.

Tu entends le son de grand ou de avion ?

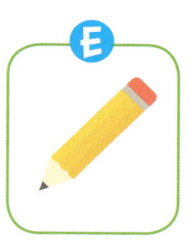

A B C D E F

2 Cherche et dis.

Avec ton équipe, trouve d'autres mots avec le son de avion. Puis, cherchez une phrase avec le plus de mots possible avec le son de avion. Faites la même chose avec le son de grand.

• Un lion mignon compte jusqu'à onze. Il y a 4 mots !

Carte mémo

LE SPECTACLE

LES PERSONNAGES
- le prince / la princesse
- le roi / la reine
- le dragon
- le monstre
- le sorcier / la sorcière
- il/elle arrive
- il/elle s'en va

LES ACTIONS
- il/elle aide
- elle/il crie
- elle/il attrape
- il/elle jette

LES CARACTÈRES
- gentil/le
- méchant/e
- bête
- curieux/euse
- intelligent/e
- dangereux/euse
- courageux/euse

soixante-et-un 61

4 MISSION BRICOLO
LES DÉS À HISTOIRE

MATÉRIEL
- la fiche ressource
- des crayons, des feutres, des stylos
- de la colle, des ciseaux

C'est l'histoire d'une sorcière courageuse...

Elle fait du surf et elle joue avec des fourmis...

1 Remplis le tableau de la fiche ressource.

2 Dessine et écris sur toutes les faces des dés de chaque catégorie.

3 Découpe et fabrique les dés.

4 Lance tous les dés et joue à raconter des histoires.

MISSION DÉCOUVERTE
LES MARIONNETTES DU MONDE

1 Observe, lis et associe.

1. Bunraku, au Japon
2. Karagöz, en Turquie
3. Kathputli, en Inde
4. Marionnettes à doigt, au Pérou

A. Dans mon pays, il y a des marionnettes grandes comme des enfants. Des hommes qui s'habillent en noir se cachent derrière les marionnettes et les portent.

B. Chez moi, on aime bien faire des spectacles avec de petites marionnettes qu'on met sur le doigt ou sur la main. C'est très facile !

C. Dans mon pays, il y a des marionnettes attachées à de petits bâtons. C'est un spectacle d'ombre et de lumière. On chante et on joue du tambourin pendant le spectacle.

D. Chez moi, il y a des spectacles de marionnettes à fils. Ces marionnettes représentent des danseurs, des musiciens qui jouent de la flute ou du tambour.

2 Réponds.

Dans ton pays ou ta région, est-ce qu'il y a des marionnettes ?

3 Dessine et parle.

Dessine ou cherche une photo de ces marionnettes et montre-la à tes camarades.

4 Colle ton dessin ou ta photo dans ton carnet de voyage.

Dans ma région, la Sicile, il y a « l'opera dei pupi ».

Les « pupi » sont des marionnettes en bois très colorées et les personnages sont des chevaliers...

CAP SUR... 3
PAS À PAS

CAHIER D'ACTIVITÉS

UNITÉ 0

1 **Lis** les descriptions. **Cherche** les autocollants page A et **colle-les** sous la bonne description. **Écris** le prénom.

A
Elle est grande et mince. Elle a les cheveux bruns et porte des lunettes noires.

Amélie

B
Il est petit et il a les cheveux courts. Il ne porte pas de lunettes.

C
Il a les cheveux courts et châtains. Il a les yeux marron et il a trois enfants.

D
Elle est petite. Elle a les yeux bleus et les cheveux bruns.

E
Il a les cheveux courts et bruns. Il porte des lunettes.

F
Il est petit. C'est un pigeon.

2 **Colle** ta photo. **Écris** ton prénom et **décris-toi**.

3 **Écoute** et **écris** le numéro de la phrase qui correspond à chaque image.

A.

B.

C.

D.  1

4 **Écoute** la chanson « Ma journée » et **dessine** les aliments.

LE MATIN   LE MIDI   L'APRÈS-MIDI   LE SOIR

soixante-sept 67

UNITÉ 1

1 Qu'est-ce qu'il faut faire ou ne pas faire à la piscine ?
Observe le règlement et **barre** les erreurs.

PISCINE MUNICIPALE

1. Il ne faut pas se baigner.
2. Il ne faut pas courir.
3. Il faut manger dans l'eau.
4. Il ne faut pas faire de bruit.
5. Il faut nager avec des chaussures.
6. Il faut mettre un bonnet.
7. Il faut boire l'eau de la piscine.
8. Il faut utiliser un maillot de bain.
9. Il faut se doucher avant d'aller dans l'eau.

2 Lis et dessine.

A.

B.

C.

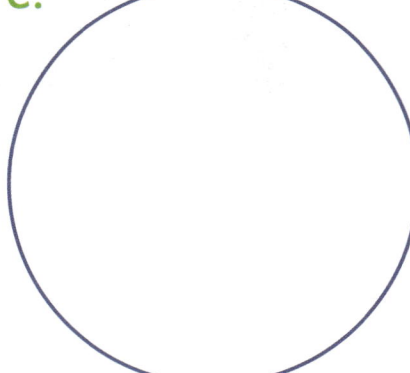

Il faut jeter les papiers à la poubelle.

Il ne faut pas prendre de photos.

Il ne faut pas manger de bonbons en classe.

68 soixante-huit

LEÇON 1

3 Tu entends ces bruits où ? **Écoute** et **associe**.

A. ☐   B. ☐   C. ☐   D. ☐

4 Ils/Elles rêvent de quoi ? **Observe** et **écris** des phrases.

A. Elle rêve d'aller à Paris.

B. ....

C. ....

D. ....

E. ....

F. ....

soixante-neuf 69

UNITÉ 1

1 Dans quel pays il/elle rêve d'aller ?
Lis, associe et **écris**.

A. Emma aime les koalas.
   Elle rêve d'aller en Australie.

B. Nicolas veut visiter des pyramides.
   ....

C. Emma aime les cactus.
   ....

D. Gabriel aime le baseball.
   ....

E. Hector veut voir des caribous.
   ....

- ÉTATS-UNIS
- ÉGYPTE
- MEXIQUE
- AUSTRALIE
- CANADA

2 **Écris** les nationalités dans la bonne colonne.

américain | mexicaine | guadeloupéen | française | japonais
canadien | australienne | sénégalaise | italien | chinoise

un garçon	une fille
américain	....
....	....
....	....
....	....

70 soixante-dix

LEÇON 2

3 Où ils/elles habitent ? Quelle est leur nationalité ?
Observe et **complète** les phrases.

A. Hugo habite en France.
Il est français.

B. Ils ....

C. J' ....

D. Nous ....

E. Chiara ....

F. Vous ....

4 **Réponds** aux questions.

A. Tu habites dans quel pays ?
Écris et dessine le drapeau.

B. Tu rêves d'aller dans quel pays ?
Écris et dessine le drapeau.

soixante-et-onze 71

UNITÉ 1

1 **Observe** et **colorie** les phrases qui sont vraies.

A. Omar est vendeur.	D. William travaille au marché.
B. Alice est professeure.	E. Samia soigne des animaux.
C. Alex vend des fruits et légumes.	F. Mariam est navigatrice.

2 Qu'est-ce qu'il/elle veut faire plus tard ? **Écoute**.
Cherche les autocollants page A et **colle-les** au bon endroit.

1. ?
2. ?
3. ?
4. ?
5. ?

72 soixante-douze

LEÇON 3

3 Écoute la chanson et réponds aux questions.

A. Qu'est-ce qu'il/elle veut faire comme métier ? Complète.

1. boulangère
2. ....
3. ....
4. ....
5. ....
6. ....
7. ....
8. ....

B. Pourquoi il/elle veut faire ce métier ? Associe.

a. [1] Pour faire de bons gâteaux
b. [ ] Pour soigner les bobos
c. [ ] Pour vendre des Chamallows
d. [ ] Pour vendre des cahiers de coloriage
e. [ ] Pour faire plein de voyages
f. [ ] Pour faire de belles photos
g. [ ] Pour bien soigner les singes
h. [ ] Pour avoir des élèves sages

4 Et toi, quel métier tu rêves de faire plus tard ? Dis pourquoi.

Je rêve d'être aviateur pour piloter des avions.

....

soixante-treize 73

1 DES LETTRES ET DES SONS A B

1 Lis et **réponds** aux questions. **Coche** la/les bonne/s réponse/s.

> Aujourd'hui, je suis au Burkina Faso, en Afrique, avec toute la famille. Nous sommes dans une auberge et nous rencontrons des voyageurs de tous les pays. Maintenant nous avons des amis mexicains, chinois et canadiens. Ils parlent tous un peu français.
>
> L'auberge est dans la savane. Il faut boire beaucoup d'eau parce qu'il fait très chaud.

A. Où sont les Cousteau ?

1. ☐ Europe   2. ☑ Afrique   3. ☐ Amérique du Nord

B. Quelle est la nationalité des amis à l'auberge ?

1. ☐    2. ☐    3. ☐    4. ☐    5. ☐

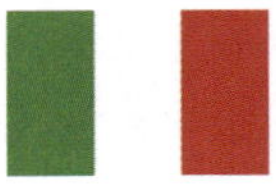

C. Où est l'auberge ?

1. ☐   2. ☐    3. ☐    4. ☐

D. Qu'est-ce qu'il faut boire ?

1. ☐   2. ☐    3. ☐    4. ☐

2 Écoute et **colorie** le mot quand tu entends **f** comme dans **safari**.

CONFITURE   CROISSANT   PHOTO   CHAUD

PHARMACIE   BISCUIT   PROFESSEUR   CAFÉ

CHINOIS   FORÊT   FROMAGE   SAVANE

MISSION DÉCOUVERTE
LES LANGUES DANS LE MONDE

1 Écoute et écris le numéro qui correspond à chaque image.

A. ☐ **Aux Émirats arabes unis**

B. ☐ **Au Costa Rica**

C. ☐ **En Suisse**

D. ☐ **En Guadeloupe**

2 Combien de langues ils/elles parlent ? **Réponds**.

Le garçon des Émirats arabes unis parle 3 langues...

....

....

....

3 Et toi ? Tu parles combien de langues ?
Quels mots tu connais dans d'autres langues ? **Écris**.

....

....

....

....

1 CAP SUR LA GÉOGRAPHIE

1 **Lis**.

La Soufrière, en Guadeloupe, est un **volcan**.

Le Sahara, en Afrique, est le plus grand **désert** du monde.

L'Everest est la plus haute **montagne** du monde.

La **mer** Méditerranée se trouve entre l'Europe et l'Afrique.

En Australie, il y a de grandes **forêts**.

En Afrique, les animaux vivent dans la **savane**.

2 **Associe** les photos des paysages aux dessins.
Cherche les autocollants page A et **colle-les** au bon endroit.

CAP OU PAS CAP ?

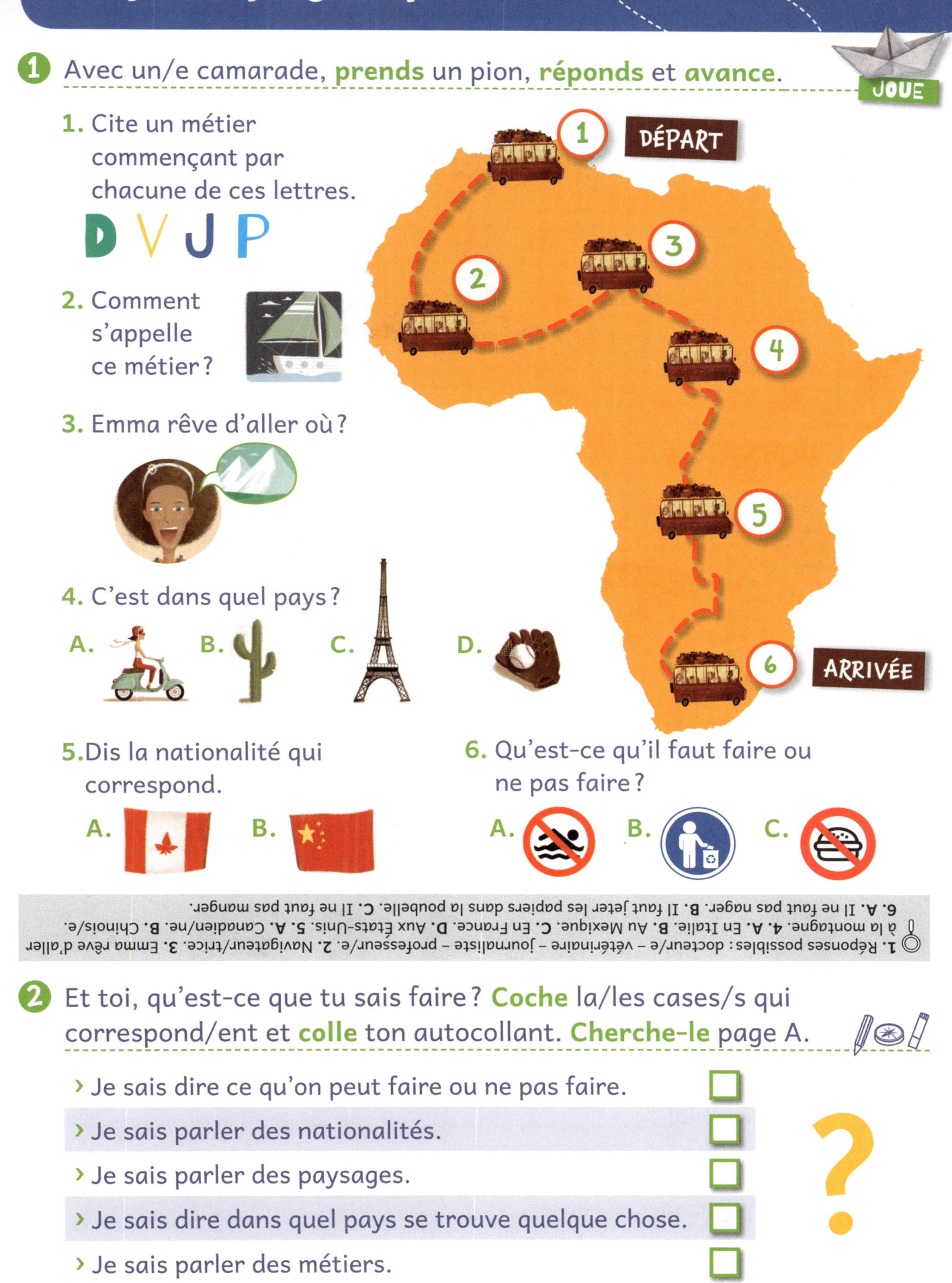

1 Avec un/e camarade, **prends** un pion, **réponds** et **avance**. *JOUE*

1. Cite un métier commençant par chacune de ces lettres.

   D V J P

2. Comment s'appelle ce métier ?

3. Emma rêve d'aller où ?

4. C'est dans quel pays ?
   A.   B.   C.   D.

5. Dis la nationalité qui correspond.
   A.   B.

6. Qu'est-ce qu'il faut faire ou ne pas faire ?
   A.   B.   C.

Réponses possibles : **1.** docteur/e – vétérinaire – journaliste – professeur/e. **2.** Navigateur/trice. **3.** Emma rêve d'aller à la montagne. **4. A.** En Italie. **B.** Au Mexique. **C.** En France. **D.** Aux États-Unis. **5. A.** Canadien/ne. **B.** Chinois/e. **6. A.** Il ne faut pas nager. **B.** Il faut jeter les papiers dans la poubelle. **C.** Il ne faut pas manger.

2 Et toi, qu'est-ce que tu sais faire ? **Coche** la/les cases/s qui correspond/ent et **colle** ton autocollant. **Cherche-le** page A.

> Je sais dire ce qu'on peut faire ou ne pas faire. ☐
> Je sais parler des nationalités. ☐
> Je sais parler des paysages. ☐
> Je sais dire dans quel pays se trouve quelque chose. ☐
> Je sais parler des métiers. ☐

soixante-dix-sept 77

UNITÉ 2

1 **Observe. Écris** ou **cherche** les autocollants page B et **colle-les** au bon endroit.

LA STAR DU PARC — LES AUTRES ANIMAUX DU PARC

le lion

la girafe .... le crocodile

.... le singe ....

2 Nathan explique son programme à Gabriel : qu'est-ce qu'il va faire ? **Observe** et **écris**.

Demain matin ...

Demain après-midi ...

Demain soir avec mes parents ...

Demain matin, je vais me lever à 6h. Je vais... ....

....

Demain après-midi, ...

....

Demain soir avec mes parents, ...

....

78   soixante-dix-huit

LEÇON 1

3 Observe l'emploi du temps de Gabriel et **réponds**.

	MERCREDI	JEUDI	VENDREDI	SAMEDI	DIMANCHE	LUNDI
MATIN	ÉCOLE	LE MARCHÉ				
APRÈS-MIDI	football		surf	PARC NATIONAL		
SOIR		restaurant	cinéma			bus

A. Aujourd'hui, c'est mercredi. Qu'est-ce qu'il va faire ?
Gabriel va aller à l'école le matin. L'après-midi, il va jouer au football avec Emma.

B. Qu'est-ce qu'il va faire demain ?
....
....

C. Qu'est-ce qu'il va faire après-demain ?
....
....

D. Qu'est-ce qu'il va faire ce weekend ?
....
....

E. Qu'est-ce qu'il va faire la semaine prochaine ?
....
....

4 Et toi ? Qu'est-ce que tu vas faire ce weekend avec ta famille ?
Dessine et **écris** des phrases.

SAMEDI	DIMANCHE

UNITÉ 2

1 **Observe** et **écris** le nom des parties du corps.

La ....queue..........

Les ....

Les ....

Les ....

Le ....

2 **Observe** et **trouve** les 5 différences. **Écris**.

1.

2.

IMAGE 1	IMAGE 2
Le crocodile a des dents.	Le crocodile n'a pas de dents.
....	....
....	....
....	....
....	....

80　quatre-vingts

LEÇON 2

3 Où est-ce que ces animaux vivent ?
Comment ils se déplacent ? **Écris**.

1.

Le singe vit dans les arbres et sur la terre. Il marche, il court et il saute.

2.

3.

4.

4 Quel est leur animal préféré ?
Écoute, **associe** et **écris** le nom de l'animal.

1.

2.

3.

A.

B.

C.

quatre-vingt-un 81

UNITÉ 2

1 **Écoute** et **entoure** de la bonne couleur.

— Ce qu'on peut faire.   — Ce qu'on ne peut pas faire.

1.   2.   3.   4.   5.

2 **Écoute** la chanson et **réponds**.

A. Qui fait quoi ? Associe.

1. ☐   2. ☐   3. ☐   4. ☐

a.   b.   c.   d.

B. À ton tour ! Invente des questions.

1. Est-ce que tu peux ……… courir ……… comme font les ……… gazelles ……… ?

2. Est-ce que tu peux ……………………… comme font les ……………………… ?

3. Est-ce que tu peux ……………………… comme font les ……………………… ?

4. Est-ce que tu peux ……………………… comme font les ……………………… ?

5. Est-ce que tu peux ……………………… comme font les ……………………… ?

LEÇON 3

3 **Écoute** et **complète** les fiches.

A
- Prénoms : Timothé et Barnabé
- Animal : ....
- Pourquoi ils sont à l'hôpital ?
  Parce qu'ils...
- Qu'est-ce qu'ils ne peuvent pas faire ?
  Ils ne peuvent pas...

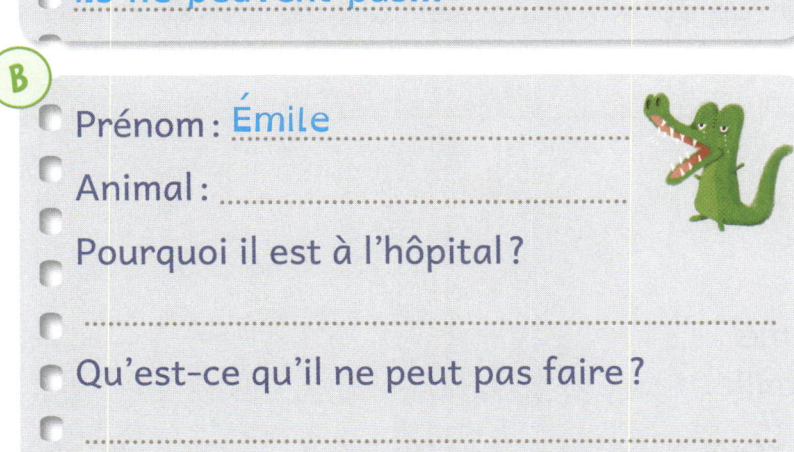

B
- Prénom : Émile
- Animal : ....
- Pourquoi il est à l'hôpital ?
  ....
- Qu'est-ce qu'il ne peut pas faire ?
  ....

C
- Prénom : Gaspard
- Animal : ....
- Pourquoi il est à l'hôpital ?
  ....
- Qu'est-ce qu'il ne peut pas faire ?
  ....

4 **Lis** les questions et **trouve** les réponses dans le texte.
Colorie-les de la bonne couleur.

- De quelle couleur est-ce qu'il est ?
- Où est-ce qu'il vit ?
- Comment est-ce qu'il est ?
- Qu'est-ce qu'il mange ?
- Combien d'années est-ce qu'il peut vivre ?
- Comment est-ce qu'il se déplace ?

L'éléphant vit dans la savane. Il est gris. Il est grand et très gros et il a un long nez qui s'appelle la trompe.
Il mange des feuilles et des fruits.
Il marche lentement et peut vivre jusqu'à 60 ans.

quatre-vingt-trois 83

2 DES LETTRES ET DES SONS

1 **Lis** et **réponds**.

> Aujourd'hui, c'est samedi. Nous sommes dans la savane, au parc national. Les paysages sont magnifiques ! Il y a des montagnes, une forêt verte avec des perroquets de toutes les couleurs et une rivière. Nous allons faire un safari et prendre des photos.
> Demain, dimanche, nous allons faire une marche dans la montagne. Lundi, on va manger dans un restaurant sur la rivière, c'est un bateau-restaurant. Et mardi, on va dormir dans une cabane dans les arbres. Les enfants vont adorer !

A. Dessine le paysage du parc naturel.

B. Complète le programme des activités de la famille.

JOUR 1	JOUR 2	JOUR 3	JOUR 4
Faire un safari	....	....	....

2 **Aide** Hector à retrouver le bébé léopard. **Trace** le chemin. Tu ne peux passer que par des mots où tu entends un **r** comme dans **arbre**.

84 quatre-vingt-quatre

MISSION DÉCOUVERTE
LES ANIMAUX SYMBOLES DES PAYS

1 Quels animaux sont les symboles de ces pays ?
Lis, **cherche** les autocollants page B
et **colle-les** au bon endroit.

A.
FRANCE
C'est le symbole de la France.
C'est un oiseau mais il ne vole pas.
Il chante le matin.

?

B.
AUSTRALIE
L'animal symbole de l'Australie
saute beaucoup. Il porte les bébés
sur le ventre.

?

C.
SUISSE
Le symbole de la Suisse vit
dans les montagnes. Il dort
pendant tout l'hiver.

?

D.
SÉNÉGAL
Au Sénégal, l'animal symbole
vit dans la savane. On l'appelle
le roi des animaux.

?

2 **Choisis** un animal qui te représente ou que tu aimes.
Dessine-le ou **colle** une photo.
Explique pourquoi tu aimes cet animal.

quatre-vingt-cinq 85

2 CAP SUR LA BIOLOGIE

1 Lis.

Les animaux ne mangent pas tous la même chose. **Le pingouin est carnivore.**

Un **carnivore** est un animal qui mange **de la viande**.

Le koala est herbivore.

Un **herbivore** est un animal qui mange **de l'herbe**.

Un **insectivore** est un animal qui mange **des insectes**. **Le rouge-gorge est insectivore.**

Un **omnivore** est un animal qui mange **de la viande, de l'herbe** et **des insectes**. **Le tatou est omnivore.**

2 Entoure de la bonne couleur. Fais des recherches si nécessaire.

- animal carnivore
- animal herbivore
- animal omnivore
- animal insectivore

A.  un chat
B.  un zèbre
C.  un panda
D.  une hirondelle
E.  un ours brun
F.  un dauphin
G.  un fourmilier géant
H. une souris

3 Choisis un animal, fais des recherches et présente-le.

86 quatre-vingt-six

CAP OU PAS CAP ?

1 **Joue** avec un/e camarade.

A. Choisis un animal. Ton/Ta camarade te pose des questions pour deviner ton animal.

| 1 Lion | 2 Rhinocéros | 3 Perroquet | 4 Crocodile |
| 5 Gorille | 6 Éléphant | 7 Léopard | 8 Girafe |

B. Qu'est-ce que Gaston va faire ? Qu'est-ce qu'il ne va pas faire ?

1. 2. 3. 4.

A. Exemple de questions : Est-ce que ton animal a 4 pattes ? Est-ce qu'il vit dans la savane ? Est-ce qu'il vole ?
B. Réponses possibles : **1.** Gaston va voir les zèbres. **2.** Gaston ne va pas aller à la piscine. **3.** Gaston va faire du bateau. **4.** Gaston ne va pas aller à l'école.

2 Et toi, qu'est-ce que tu sais faire ? **Coche** la/les case/s qui correspond/ent et **colle** ton autocollant. **Cherche-le** page B.

› Je sais parler de mes activités futures et me situer dans le temps. ☐

› Je connais quelques animaux d'Afrique. ☐

› Je sais dire ce qu'on peut faire et ne pas faire. ☐

› Je sais décrire un animal. ☐

› Je sais poser des questions avec « est-ce que ». ☐

quatre-vingt-sept 87

UNITÉ 3

1 **Écoute**, **observe** et **coche** la bonne photo.

Dialogue 1 A. B.  C.

Dialogue 2 A. B.  C.

Dialogue 3 A. B.  C.

2 **Colorie** les baguettes de la bonne couleur.

je/tu   il/elle/on   nous   vous   ils/elles

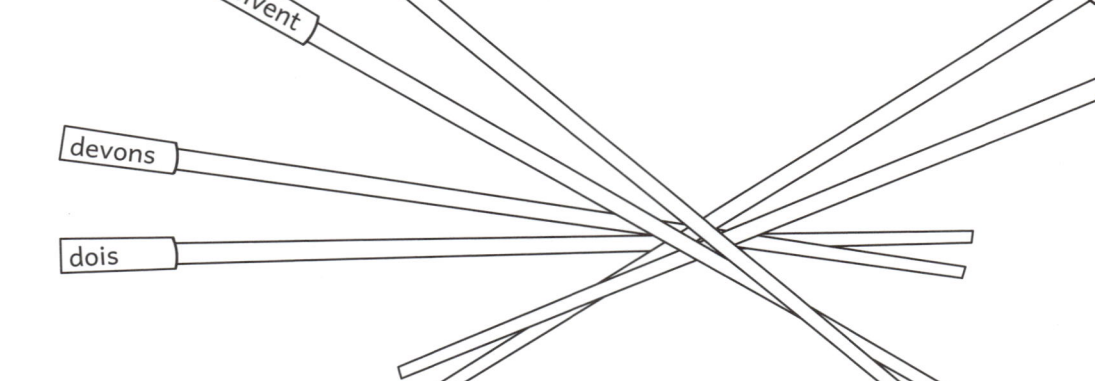

devez
dois
doivent
doit
devons
dois

88 quatre-vingt-huit

LEÇON 1

3 **Lis** les invitations, **observe** et **coche** la bonne réponse.

A.
> Salut Mai ! Tu peux venir chez moi samedi ? On va jouer dans la piscine.

1. ☑ Super ! Je prends mon maillot de bain.
2. ☐ Je ne peux pas. Je n'ai pas de maillot de bain.

B.
> Bonjour Nicolas ! Vous voulez venir diner avec nous au restaurant ce soir ?

1. ☐ C'est d'accord ! On vient avec des crêpes.
2. ☐ On ne peut pas. Amélie va préparer des crêpes.

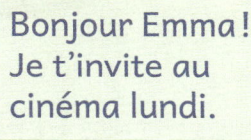

C.
> Salut Gabriel ! Tu viens au musée avec moi dimanche ? On peut prendre les vélos si tu veux.

1. ☐ C'est génial ! Mais je n'ai pas de vélo.
2. ☐ Super ! Je viens avec mon vélo.

D.
> Bonjour Emma ! Je t'invite au cinéma lundi.

1. ☐ Merci pour l'invitation. C'est à quelle heure ?
2. ☐ Merci, mais ce n'est pas possible. On va fêter l'anniversaire de mon papa.

4 À toi ! **Lance** le dé et **invite** un/e camarade.

Tu viens au ciné avec moi, vendredi soir à 20h ?

quatre-vingt-neuf 89

UNITÉ 3

1 **Trouve** les ustensiles dans la grille.

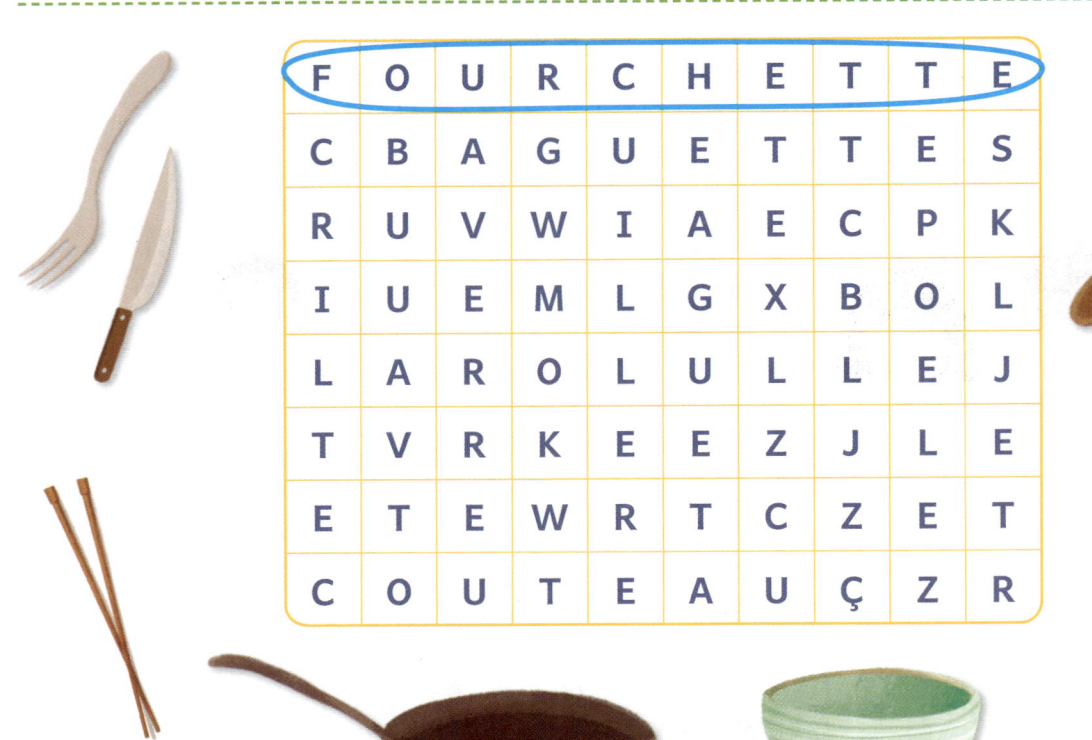

F	O	U	R	C	H	E	T	T	E
C	B	A	G	U	E	T	T	E	S
R	U	V	W	I	A	E	C	P	K
I	U	E	M	L	G	X	B	O	L
L	A	R	O	L	U	L	L	E	J
T	V	R	K	E	E	Z	J	L	E
E	T	E	W	R	T	C	Z	E	T
C	O	U	T	E	A	U	Ç	Z	R

2 **Complète** les recettes. **Écris** le nom des ingrédients ou **cherche** les autocollants page C et **colle-les** au bon endroit.

4 pommes

150 g de ....

150 g de farine

90 g de ....

....

1 .... de sucre

3 verres de farine

1 ....

1 verre d'huile

1 sachet de levure

90 quatre-vingt-dix

LEÇON 2

3 **Écoute** la chanson et **réponds**.

A. Complète avec les mots qui manquent.

DES CRÊPES AU CHOCOLAT

Pour faire des crêpes
Pour le gouter :
De la farine, des œufs
Et puis, _mélangez_ !
Pour faire des crêpes
Pour le gouter :
Du sucre, du beurre, du lait,
.... et puis c'est prêt !

.... la pâte
Dans une grande poêle,
Quand c'est cuit d'un côté,
Hop, ... tourner !
.... la pâte
Dans une grande poêle.
Attention, ... !
On veut les manger.

À la fin, ...
Le chocolat,
............................-le ici,
Et ....-le là.

B. À toi ! Invente le rap du diner. Aide-toi des éléments proposés. Chante avec tes camarades.

Pour faire une omelette
Pour le diner

- couper
- casser
- faire cuire
- verser
- mélanger
- ajouter
- faire chauffer

quatre-vingt-onze 91

UNITÉ 3

1 **Complète** avec **ce**, **cet**, **cette** et **ces**, **écris** ce que c'est, **cherche** les autocollants page C et **colle-les** au bon endroit.

A. On mange _____ce_____ plat avec une cuillère.
C'est _____la soupe_____.

B. _____ ustensile sert à cuire les crêpes.
C'est _____.

C. Au Vietnam, _____ petits bâtons servent à manger. Ce sont _____.

D. _____ animal vit dans l'eau. Il nage et il marche lentement. C'est _____.

E. On verse _____ boisson sur des céréales.
C'est _____.

F. Dans _____ magasin, on vend de la viande.
C'est _____.

2 **Écoute** et **entoure** ce qu'il/elle préfère.

1.

2.

3.

4.

92 quatre-vingt-douze

LEÇON 3

3 Qu'est-ce que tu préfères ?

A. Écris tes réponses.

QUESTIONS — **RÉPONSES**

1. 🐕 ou 🐈 — Je préfère cet animal : le chien.
2. le cinéma ou le restaurant ?
3. 🍍 ou 🍭 ?
4. le gouter ou le diner ?
5. 🥞 ou 🍲 ?
6. 🚆 ou ✈️ ?

B. Pose les questions à ta famille ou à tes amis/es et écris les réponses.

Ma sœur préfère les chats, le cinéma, les fruits, le gouter, la soupe et le train.

quatre-vingt-treize 93

3 DES LETTRES ET DES SONS A B

1 **Lis** l'invitation et **réponds** aux questions.

> Coucou Emma,
>
> Samedi prochain, le 30 juin, c'est mon anniversaire.
>
> Je t'invite à une fête chez moi. On va manger des bonbons et boire des jus de fruits. On va aussi cuisiner. Mon père va nous apprendre à préparer un plat de soupe traditionnel du Vietnam.
>
> Toi, tu peux apporter des crêpes, si tu veux.
>
> Je t'attends samedi à partir de 11h30.
>
> Mai

A. Qui écrit l'invitation ?
1.   2.   3.

B. Quel jour est la fête ?

....

C. Quel plat ils/elles vont apprendre à préparer pendant la fête ?
1.   2.   3.

D. Qu'est-ce qu'Emma peut apporter à la fête ?
1.   2.   3.

E. À quelle heure commence la fête ?
1.   2.   3.

2 **Écoute** et **entoure** le bon dessin.

Le singe si tu entends **s**.   Le zèbre si tu entends **z**.

1.   4.   7.
2.   5.   8.
3.   6.   9.

94 quatre-vingt-quatorze

MISSION DÉCOUVERTE

LES GOUTERS DANS LE MONDE

1 **Écoute** et **écris** le numéro qui correspond à chaque image.

A. ☐

B. ☐

C. ☐

D. ☐

2 **Colle** une photo de ton gouter préféré et **décris-le**.

quatre-vingt-quinze 95

3 CAP SUR LES SCIENCES

1 **Lis** et **observe**.

Il y a 5 **familles d'aliments** :
- les **fruits** et **légumes**
- les **viandes, œufs** et **poissons**
- le **pain**, les **céréales**, les **pâtes**…
- les **matières grasses** et **produits sucrés** (huile, beurre, bonbons…)
- les **produits laitiers** (lait, fromage, yaourt…)

Fruits et légumes
Pain, céréales, pâtes…
Viandes, œufs et poissons
Matières grasses et produits sucrés
Produits laitiers

Pour être en bonne santé, tu dois manger :
- Des fruits et légumes, des produits laitiers et du pain, des céréales ou des pâtes **à chaque repas**.
- De la viande, du poisson ou des œufs **une fois par jour**.

Les matières grasses et les produits sucrés ne sont pas nécessaires tous les jours.

2 **Crée** 4 repas pour être en bonne santé. **Cherche** les autocollants page C et **colle-les** sur les plateaux.

A.

B.

C.

D.

CAP OU PAS CAP ?

1 Avec un/e camarade, **observe** l'image et **réponds** aux questions.

A. Tictac, boum ! Tu as une minute pour dire le maximum de mots.

> aliments
>
> ustensiles
>
> verbes pour cuisiner

B. À ton avis, qu'est-ce qu'ils préparent ? Dis les ingrédients.

C. Nicolas explique la recette à Gabriel et à Mai. Qu'est-ce qu'il dit ?

D. Gabriel invite Mai. Joue la scène avec ton/ta camarade.

A. Réponses libres. **B.** Des crêpes. Des œufs, de la farine, du sucre, du lait, de l'huile, du beurre. **C.** Réponse possible : Mettez la farine dans un bol et cassez les œufs. **D.** Réponses libres.

2 Et toi, qu'est-ce que tu sais faire ? **Coche** la/les case/s qui correspond/ent et **colle** ton autocollant. **Cherche-le** page C.

> ❯ Je sais inviter quelqu'un. ☐
>
> ❯ Je sais lire une recette. ☐
>
> ❯ Je sais expliquer une recette. ☐
>
> ❯ Je sais parler des repas. ☐
>
> ❯ Je sais accepter ou refuser une invitation. ☐

quatre-vingt-dix-sept 97

UNITÉ 4

1 **Écris** le nom des instruments.
Écoute et **associe** au son qui correspond.

A. ☐ ....le piano..........

B. ☐ ....

C. ☐ ....

D. ☐ ....

E. ☐ ....

2 Qu'est-ce qu'il/elle aime faire ? **Observe** et **écris** des phrases.

Sen adore jouer de la guitare…

....

....

....

98 quatre-vingt-dix-huit

LEÇON 1

3 Et toi ? Qu'est-ce que tu aimes faire ? **Dessine** et **écris**.

♥   ♥♥   ♥̸   ♥̸♥̸

J'aime…
....
....
....
....

4 **Écoute** la chanson. **Cherche** les autocollants page D et **colle-les** au bon endroit.

quatre-vingt-dix-neuf 99

UNITÉ 4

1. Observe, lis et réponds.

A. Vrai ou faux ? Entoure la bonne lettre.

	VRAI	FAUX
1. Le roi porte un costume bleu.	(H)	R
2. La reine est sur le grand bateau avec le roi.	E	A
3. La princesse porte un costume vert et est sur le grand bateau.	N	M
4. La reine est à côté d'une sorcière.	T	O
5. Il y a un monstre rouge dans la rivière.	S	ï

B. Complète la phrase avec les lettres de l'activité A.

Au Vietnam, on peut voir un spectacle de marionnettes sur l'eau à H _ _ _ _ .

2. Écoute. Cherche les autocollants page D et colle-les au bon endroit.

100 cent

LEÇON 2

3 En quoi ils/elles se déguisent ?
Quels costumes ils/elles portent ? **Observe** et **écris**.

A.

Ils se déguisent en fruits et légumes. Ils portent des costumes de fruits et légumes.

B.

....
....
....

C.

....
....
....

D.

....
....
....

4 Et toi ? En quoi tu aimes te déguiser ? Pourquoi ? **Écris**.

....
....
....

5 **Écoute** et **écris** le caractère des personnages.

A. courageuse

B. ....

C. ....

D. ....

E. ....

cent-un 101

UNITÉ 4

1 **Choisis** 5 dessins et **invente** une histoire.
Écris les différentes parties de ton histoire.

Au début, ...
....
Un jour, ...
....
Ensuite, ...
....
Puis, ...
....
Alors, ...
....
Enfin, ...
....

LEÇON 3

2 **Écoute** et **coche** la photo qui correspond à la description.

A. ☐   B. ☐

3 Qu'est-ce qu'ils/elles sont en train de faire ? **Observe** et **écris**.

1. Il est en train de jouer du piano.

2. Elle ....

3. Ils ....

4. Elles ....

cent-trois 103

4 DES LETTRES ET DES SONS   A B

❶ **Écoute** et **entoure** de la bonne couleur.

▬ Tu entends **an** comme dans gr**an**d.

▬ Tu entends **on** comme dans avi**on**.

1. 2. 3. 4. 5. 6.

❷ **Lis**, **observe** et **complète**.

Au début, le roi et la reine vivent à côté d'une 🏞️ ri**vi**ère.

Ils ont une fille : une jolie 👸 .... courageuse.

Un jour, le roi nage dans la rivière. Il voit une drôle de 🌀 ....

verte. Il est .... et il ....

la queue.

Ensuite, il voit que c'est la queue d'un 🐉 ....

Le dragon est 👑 .... Il veut manger le roi.

Le roi .... : « Au secours ! »

Alors, la reine et la princesse arrivent à la rivière.

La princesse dit : « Il faut 👭 .... papa ! »

Puis, la princesse enlève ses chaussures et elle 👟 ....

une chaussure sur la tête du dragon.

Enfin, le dragon a peur et il part. Le roi sort de l'eau et tout finit bien.

MISSION DÉCOUVERTE
LES SPECTACLES DE DANSE DANS LE MONDE

1 Écoute et associe une danse avec un pays et une photo.

1. le haka
2. la danse céilí
3. le frevo
4. le kathakali

A. Brésil
B. Nouvelle-Zélande
C. Irlande
D. Inde

a.
b.
c.
d.

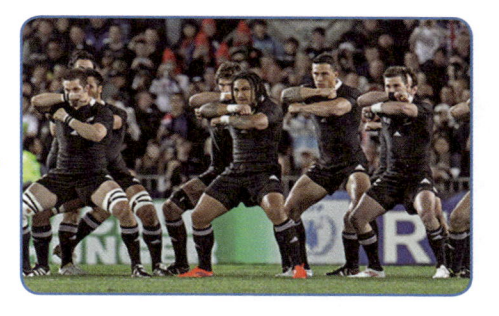

2 Quel spectacle de l'activité 1 tu préfères ? Explique pourquoi.

....
....
....

cent-cinq 105

4 CAP SUR LA MUSIQUE

1 Lis.

Il y a 3 **familles d'instruments** :

- les **instruments à cordes**, comme la **guitare** ou le **violon**. Le musicien touche les cordes. Le **piano** aussi est un instrument à cordes !

- les **instruments à vent**, comme la **flute**, le **saxophone** ou la **trompette**. Pour en jouer, il faut souffler très fort !

- les **instruments à percussion**, comme le **djembé** ou la **batterie**. On doit frapper ces instruments avec les mains ou avec des baguettes, ou bien les secouer, comme pour les **maracas** !

> On touche les cordes d'une guitare.

> On souffle dans une flute.

> On frappe un tambour avec des baguettes.

2 Écris le nom de ces instruments. Cherche dans le texte.

A. un ....

B. une ....

C. des ....

D. un ....

3 Cherche les autocollants page D et colle-les dans la bonne colonne.

| INSTRUMENTS À CORDES | INSTRUMENTS À VENT | INSTRUMENTS À PERCUSSION |

106 cent-six

CAP OU PAS CAP ?

1 Avec un/e camarade, **choisis** un personnage et **aide-le** à retrouver son chapeau ou sa couronne. **Réponds** aux questions.

- Qu'est-ce que la reine adore ?
- Comment est cette femme ?
- Qu'est-ce que c'est ?
- Qu'est-ce que c'est ?
- Elle joue de quel instrument ?
- Dis un mot où tu entends le son de gr**an**d et un mot où tu entends le son d'avi**on**.
- Comment est cet homme ?
- Qu'est-ce qu'elle est en train de faire ?
- Qu'est-ce qu'il est en train de faire ?
- Qu'est-ce que le sorcier déteste ?
- Il joue de quel instrument ?

La reine : Elle adore jouer de la flûte. – C'est un dragon. – Elle joue du violon. – Réponse libre. – Il est méchant. – Elle est en train de peindre. – C'est un monstre. – Elle est dangereuse/méchante. – Réponse libre. – Il est en train de manger (de la pastèque). – Il joue du piano. – Il déteste faire du théâtre. **Le sorcier :**

2 Et toi, qu'est-ce que tu sais faire ? **Coche** la/les case/s qui correspond/ent et **colle** ton autocollant. **Cherche-le** page D.

› Je sais parler des activités culturelles et artistiques. ☐
› Je sais raconter une histoire. ☐
› Je sais décrire le caractère de quelqu'un. ☐
› Je sais dire ce que quelqu'un est en train de faire. ☐

cent-sept 107

CAP SUR LE DELF PRIM A1

➦ Je découvre l'examen

Épreuve	Exercices	⏱	/ 100
Compréhension de l'oral	2 exercices	15 minutes	25 points
Compréhension des écrits	3 exercices	15 minutes	25 points
Production écrite	2 exercices	15 minutes	25 points
Production orale	3 exercices	15 minutes	25 points

➦ Je comprends les consignes

Je coche la bonne réponse.

J'entoure la bonne réponse.

J'écris le bon numéro.

J'écris la bonne réponse.

COMPRÉHENSION DE L'ORAL

1 Observe, écoute et écris le numéro qui correspond à chaque image.

A.  L'EPICERIE B.  LA BOUCHERIE C.  LA POISSONNERIE D.  LA BOULANGERIE

2 Écoute, observe et entoure les bonnes réponses.

A. Nicolas est au marché. Combien coutent les courses ?

1.  10€ + 2€   2. 20€   3.  10€ + 5€

B. Léa rêve d'apprendre quelle/s langue/s ?

1.  🇫🇷   2.  🇺🇸   3.  🇨🇦   4.  🇲🇽   5.  🇮🇹   6.  🇨🇳

C. À quelle heure est le bus pour aller au parc national ?

1.    2.    3.

D. Qu'est-ce qui est interdit ?

1.    2.    3.

E. Qu'est-ce qu'Hector doit apporter ?

1.     2.    3.

cent-neuf 109

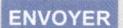

COMPRÉHENSION DES ÉCRITS

1 **Lis** le message de Samia et **réponds** aux questions.

> Bonjour ! Je vous propose de visiter le parc naturel avec moi demain. Cela va être super ! Le matin, nous allons prendre le train pour observer des gorilles et des lions dans la savane. Ensuite, nous allons faire un safari photo. Vous allez photographier un crocodile pour votre carnet de voyage. L'après-midi, nous allons visiter l'hôpital des animaux du parc. Nous allons rentrer tard en autobus.
> Samia

A. Samia propose de faire quoi ? ....

B. On peut observer quels animaux dans la savane ? (2 réponses attendues.)

1. 2. 3. 4. 5.

C. Qu'est-ce qu'il faut photographier pour le carnet de voyage ?
....

D. Comment ils vont rentrer ?

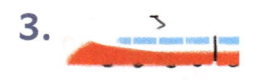

1. 2. 3. 4. 5.

2 **Lis** le document et **coche** les bonnes réponses.

Nouveau message
De : Maxime
À : Hector
Objet : Sortie au cinéma
Salut, Hector ! Tu es libre mercredi après-midi ? Je veux aller voir le dernier *Spider-Man* au cinéma. Si tu veux, nous pouvons nous retrouver devant la gare à 13h30. Le film commence à 14h et le cinéma est sur la place, à côté de la bibliothèque. Après le film, nous pouvons manger une pizza dans le centre-ville. Je ne peux pas rentrer tard, parce que je dois aller chez le dentiste à 17h30. Réponds-moi ou appelle-moi ! À plus ! Maxime

COMPRÉHENSION DES ÉCRITS

A. Maxime invite Hector…
1. ☐ au restaurant.   2. ☐ au cinéma.   3. ☐ à la bibliothèque.

B. Quel jour est l'invitation ?
1. ☐ Samedi.   2. ☐ Jeudi.   3. ☐ Mercredi.

C. À quelle heure est le rendez-vous ?
1. ☐   2. ☐   3. ☐

D. Qu'est-ce qu'Hector et Maxime peuvent faire après le film ?
1. ☐ Jouer de la 🎸   2. ☐ Manger une 🍕   3. ☐ Prendre le 🚆

3 Tu veux préparer cette recette de l'omelette aux pommes de terre. **Lis** les instructions et **écris** le numéro de l'instruction qui correspond à chaque image.

LA RECETTE DU JOUR

OMELETTE AUX POMMES DE TERRE ET AUX OIGNONS

1. Lave et coupe les pommes de terre et les oignons.
2. Fais chauffer l'huile dans une poêle.
3. Fais dorer les pommes de terre et les oignons.
4. Casse les œufs et mélange-les bien avec du sel et du poivre.
5. Verse cette préparation dans la poêle.
6. Fais cuire 2 à 3 minutes : c'est prêt !

A. ☐   B. ☐   C. ☐
D. ☐   E. ☐   F. ☐

cent-onze 111

PRODUCTION ÉCRITE

1 Ton école organise un voyage scolaire en France. Tu veux participer. **Remplis** la fiche d'inscription.

Fiche d'inscription

Prénom : ....

Nationalité : ....

Adresse : ....
....

Âge : ....

Sexe : ....

Nombre de frères et sœurs : ....
....

Matière/s préférée/s : ....
....

Langue/s parlée/s : ....
....

Activité/s préférée/s : ....
....

Plat/s préféré/s : ....
....

Couleur/s préférée/s : ....
....

PRODUCTION ÉCRITE

❷ Écris à ton/ta correspondant/e francophone. **Raconte-lui** une journée de vacances : à quelle heure tu te lèves/tu te couches, qu'est-ce que tu manges, qu'est-ce que tu visites, les activités que tu préfères ? Tu peux t'aider des illustrations. Tu dois écrire 8 à 10 lignes.

PRODUCTION ORALE

1 **Écoute** et **réponds** aux questions.

2 **Observe** les images. Qu'est-ce que tu vois ? **Raconte**.

HISTOIRE 1

Super dîner avec nos amis vietnamiens Mai, ses parents et sa petite sœur.

HISTOIRE 2

Le Réveil de Sélène

HISTOIRE 3

Hôpital des animaux du parc

PARC NATIONAL
2 adultes
3 enfants
12000 Frw
billet d'entrée

114 cent-quatorze

PRODUCTION ORALE

3 Choisis une situation et joue-la.

Situation 1
AU MARCHÉ

Tu es en France, tu dois acheter des ingrédients pour préparer ton gâteau d'anniversaire. Tu vas à l'épicerie, tu demandes le prix et tu dis quelle quantité tu veux. Tu paies. L'examinateur/trice joue le rôle du/de la vendeur/euse.

Situation 2
LES ACTIVITÉS CULTURELLES

Tu es en France chez ton/ta correspondant/e français/e. Vous voulez faire une activité culturelle. Vous allez à la billeterie d'un grand magasin. Vous choisissez une activité et vous achetez les billets. L'examinateur/trice joue le rôle du/de la vendeur/euse.

cent-quinze 115

GLOSSAIRE

SE SITUER DANS LE TEMPS

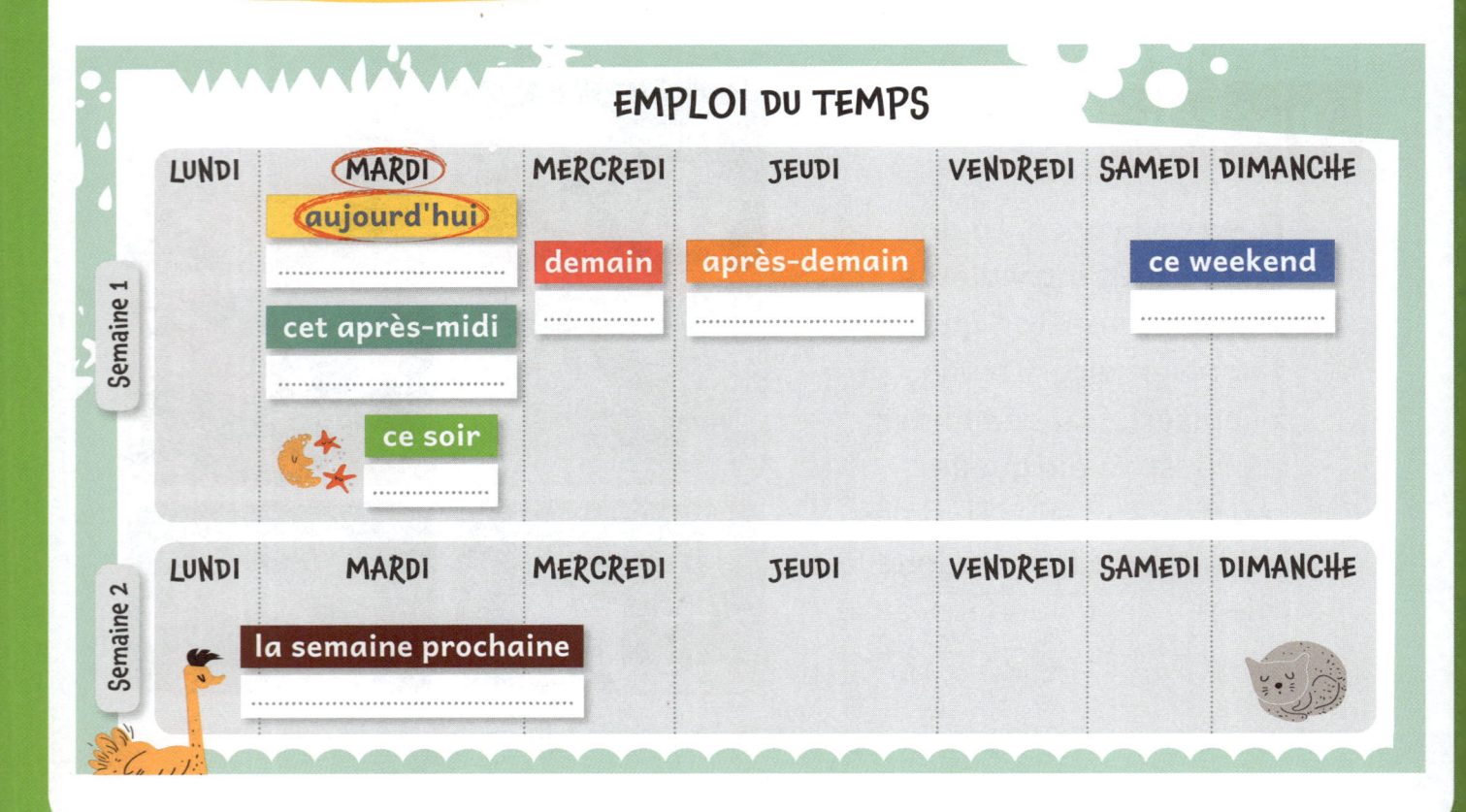

EMPLOI DU TEMPS

Semaine 1

LUNDI	MARDI	MERCREDI	JEUDI	VENDREDI	SAMEDI	DIMANCHE
	aujourd'hui	demain	après-demain		ce weekend	
	cet après-midi					
	ce soir					

Semaine 2

LUNDI	MARDI	MERCREDI	JEUDI	VENDREDI	SAMEDI	DIMANCHE
	la semaine prochaine					

LES DÉGUISEMENTS

- le costume
- la cape
- la robe
- la couronne
- le masque
- le chapeau

116 cent-seize

A B C

LES PAYSAGES

- le lac
- la rivière
- la montagne
- le désert
- la savane
- la mer
- la jungle
- la forêt

EN VOYAGE, JE DÉCOUVRE...

LES NATIONALITÉS

- les États-Unis — américain/e
- le Canada — canadien/ne
- la Chine — chinois/e
- l'Italie — italien/ne
- le Mexique — mexicain/e
- la France — français/e

cent-dix-sept 117

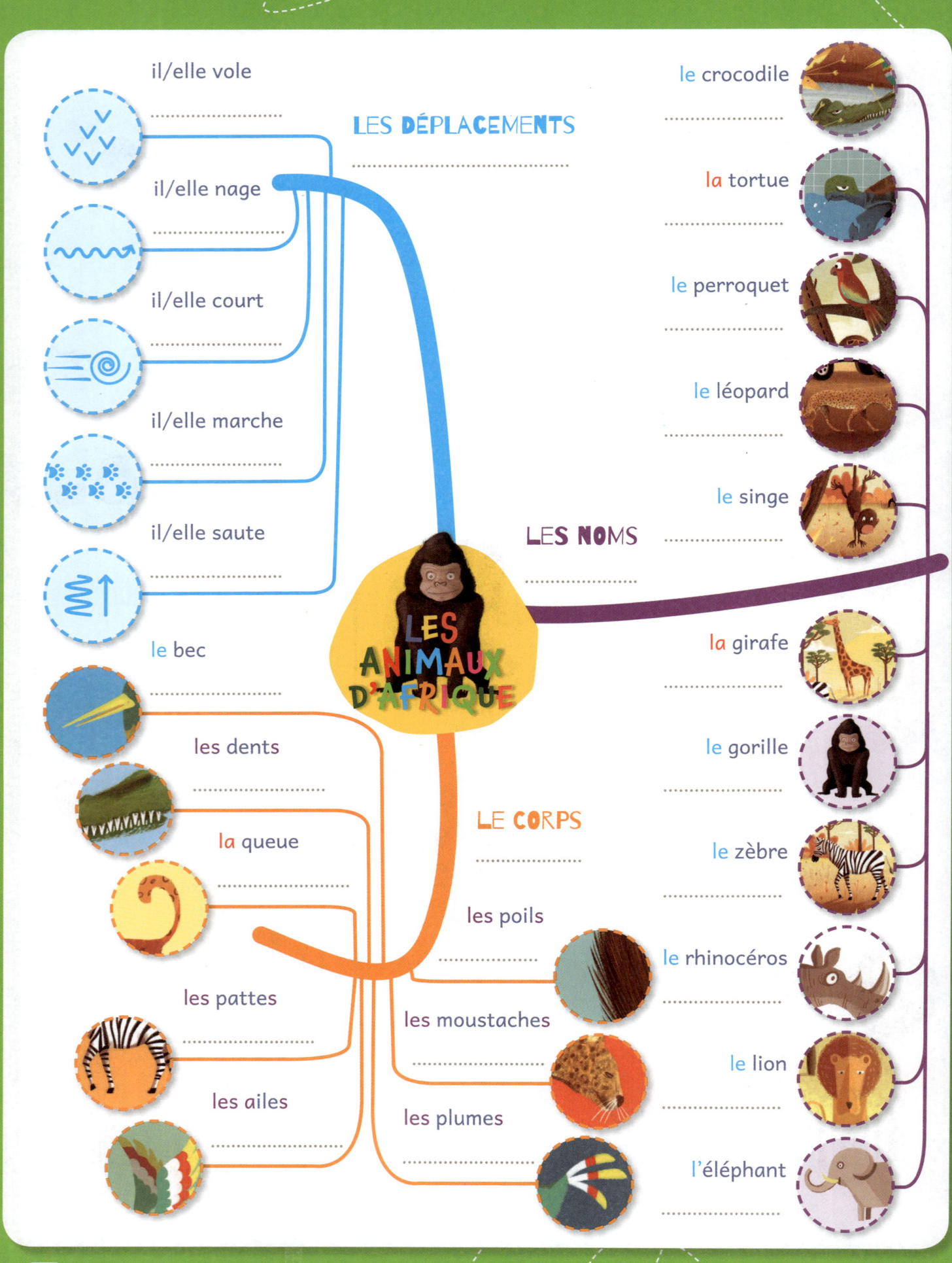

GLOSSAIRE

LES DÉPLACEMENTS

il/elle vole

il/elle nage

il/elle court

il/elle marche

il/elle saute

LES ANIMAUX D'AFRIQUE

LES NOMS

le crocodile

la tortue

le perroquet

le léopard

le singe

la girafe

le gorille

le zèbre

le rhinocéros

le lion

l'éléphant

LE CORPS

le bec

les dents

la queue

les pattes

les ailes

les poils

les moustaches

les plumes

118 cent-dix-huit

DANS MA CUISINE

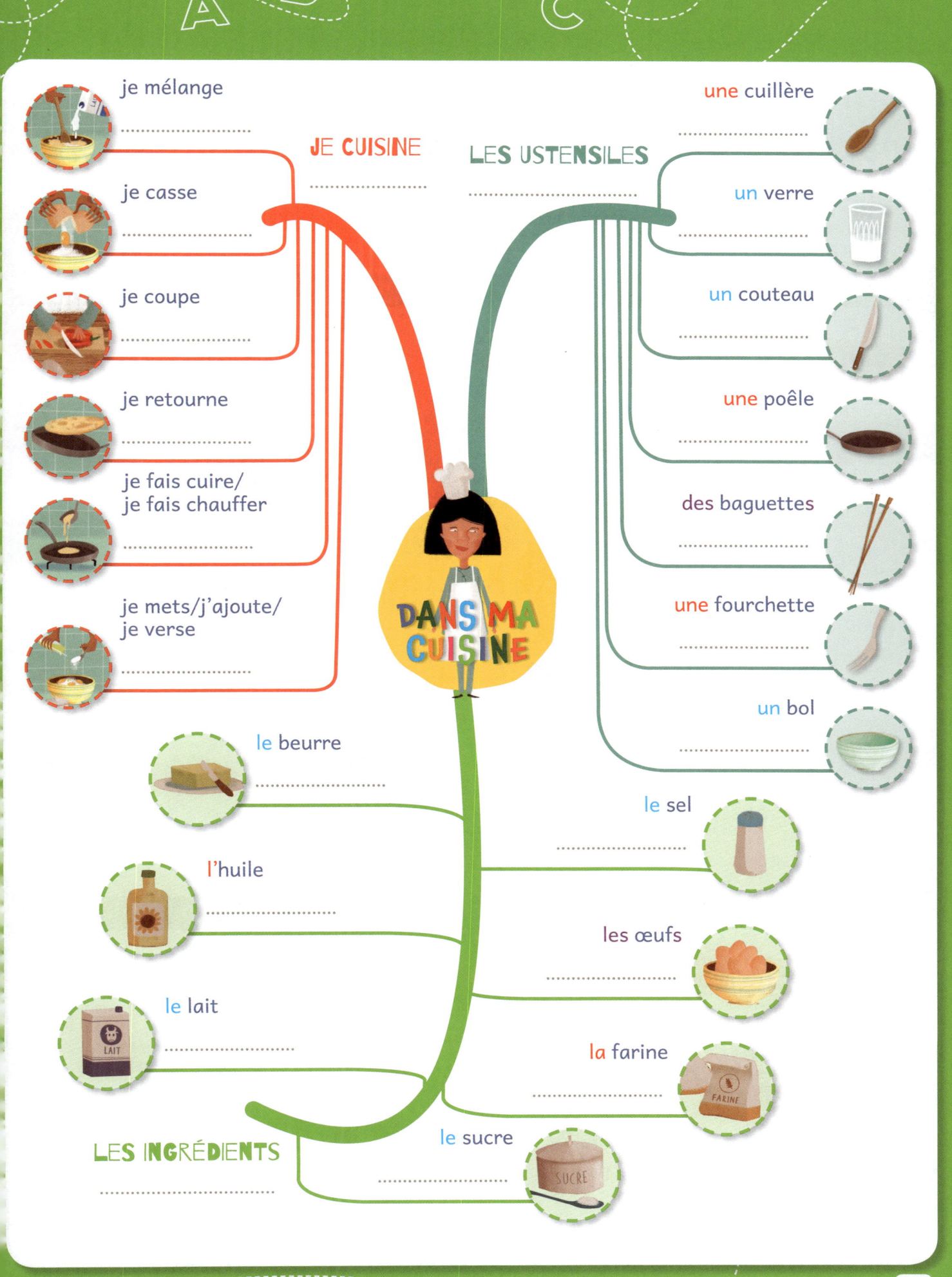

JE CUISINE
- je mélange
- je casse
- je coupe
- je retourne
- je fais cuire / je fais chauffer
- je mets / j'ajoute / je verse

LES USTENSILES
- une cuillère
- un verre
- un couteau
- une poêle
- des baguettes
- une fourchette
- un bol

LES INGRÉDIENTS
- le beurre
- l'huile
- le lait
- le sel
- les œufs
- la farine
- le sucre

cent-dix-neuf 119

GLOSSAIRE

le diner

le petit déjeuner

le gouter

LE REPAS DE LA JOURNÉE

le déjeuner

LES INSTRUMENTS DE MUSIQUE

la flute

la guitare

le tambour

le violon

le piano

LES ACTIVITÉS CULTURELLES ET ARTISTIQUES

le théâtre

la peinture

la danse

la musique

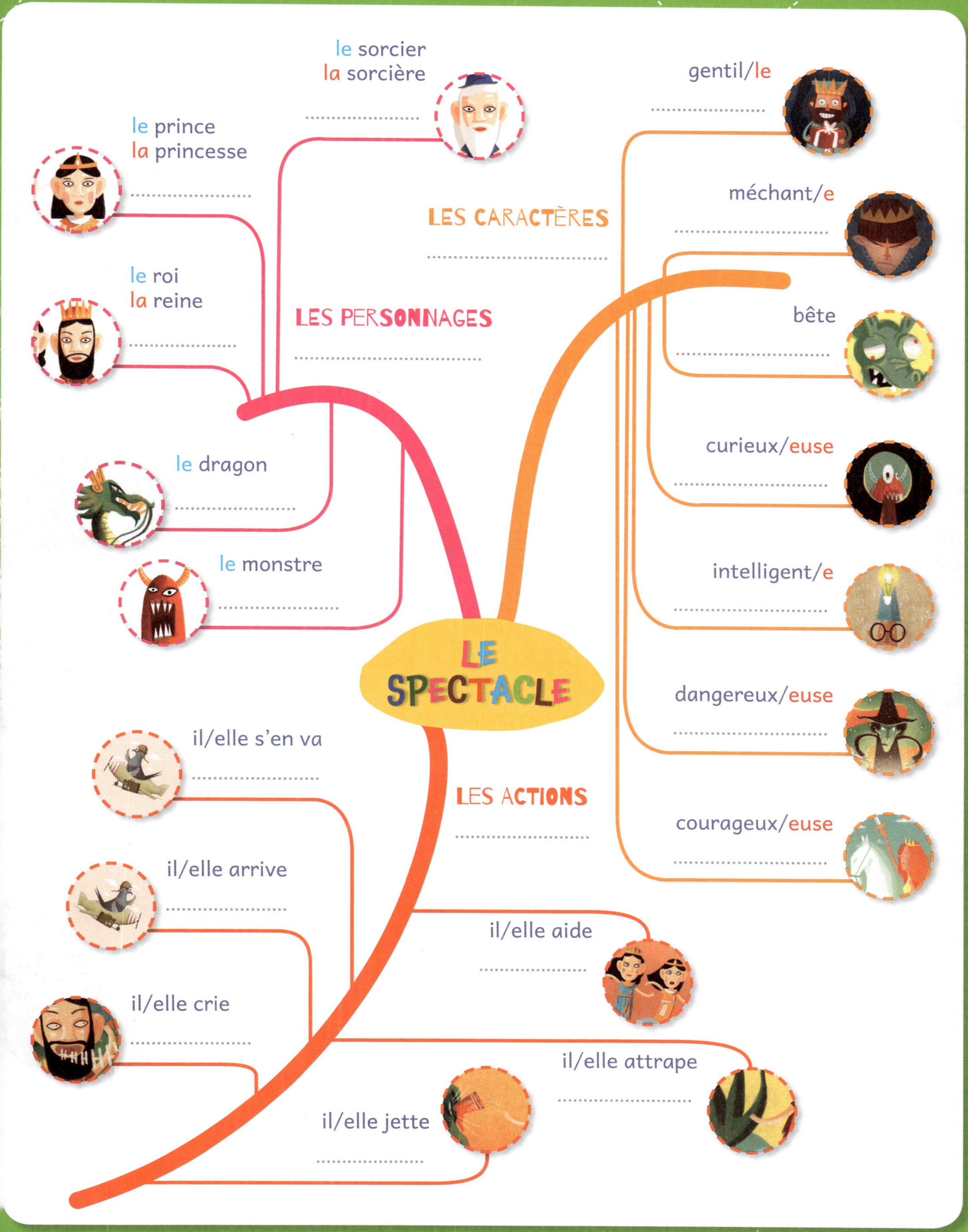

LE SPECTACLE

LES PERSONNAGES

- le prince / la princesse
- le roi / la reine
- le sorcier / la sorcière
- le dragon
- le monstre

LES CARACTÈRES

- gentil/le
- méchant/e
- bête
- curieux/euse
- intelligent/e
- dangereux/euse
- courageux/euse

LES ACTIONS

- il/elle s'en va
- il/elle arrive
- il/elle crie
- il/elle aide
- il/elle attrape
- il/elle jette

cent-vingt-et-un 121

CHANSONS

UNITÉ 1

🎵 JE NE SAIS PAS QUOI CHOISIR

Je veux être boulangère
Pour faire de bons gâteaux.
Je veux être photographe
Et faire de belles photos.
Je veux être docteure
Pour soigner les bobos.
Je veux être épicière
Et vendre des Chamallows.
Je ne sais pas quoi choisir
J'aime beaucoup tous les métiers.

J'attends d'être grande
Pour me décider. (x2)

Je veux être navigateur
Pour faire plein de voyages.
Je veux être vendeur
De cahiers de coloriage.
Je veux être vétérinaire
Pour bien soigner les singes.
Je veux être professeur
Et avoir des élèves sages.

Je ne sais pas quoi choisir
J'aime beaucoup tous les métiers.
J'attends d'être grand
Pour me décider. (x2)

UNITÉ 2

🎵 EST-CE QUE TU PEUX ?

Est-ce que tu peux sauter
Comme les singes dans la jungle ?
Est-ce que tu peux sauter
Debout sur un seul pied ?

Oui, je peux sauter,
comme les singes dans la jungle.
Je vais te montrer,
tu vas être étonné/e !

Est-ce que tu peux manger
Comme font les crocodiles ?
Est-ce que tu peux manger
Une girafe en entier ?

Non, je ne peux pas manger, comme
font les crocodiles,

Mais je peux faire semblant,
ça peut être amusant.

Est-ce que tu peux marcher
Lentement comme une tortue ?
Est-ce que tu peux marcher
Lentement sans te presser ?

Oui, je peux marcher,
lentement comme une tortue.
Je vais te montrer,
tu vas être étonné/e !

Est-ce que tu peux voler
D'ici jusqu'aux nuages ?
Est-ce que tu peux voler
Comme font les perroquets ?

Non, je ne peux pas voler,
d'ici jusqu'aux nuages,
Mais je peux faire semblant,
ça peut être amusant.

UNITÉ 3

♫ DES CRÊPES AU CHOCOLAT

Pour faire des crêpes
Pour le gouter :
De la farine, des œufs
Et puis, mélangez !
Pour faire des crêpes
Pour le gouter :
Du sucre, du beurre, du lait,
Tournez et puis c'est prêt !

Mettez la pâte
Dans une grande poêle.
Quand c'est cuit d'un côté,
Hop, faites tourner !
Mettez la pâte
Dans une grande poêle.
Attention, ne pas bruler !
On veut les manger.

À la fin, ajoutez
Le chocolat.
Mettez-le ici,
Et mettez-le là.
À la fin, ajoutez
Le chocolat.
Mangez, mangez, mangez,
Ce super bon repas !

Aujourd'hui, au gouter,
Des crêpes au chocolat ! (x2)

UNITÉ 4

♫ ON AIME FAIRE DU ROCK

Bienvenu/e au grand spectacle,
Prépare-toi à bien danser,
Ouvre grand tes deux oreilles,
Le concert va commencer.

Nous sommes la famille Cousteau,
On voyage autour du monde
Et des fois, pour s'amuser,
On aime faire danser
tout le monde.

La, la, la, la, la, la, la, la
On aime faire du rock,
En famille, c'est génial !
La, la, la, la, la, la, la, la
Si tu aimes danser,
Lève tes bras ! (x2)

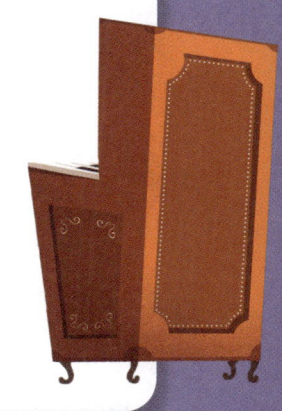

Emma joue de la guitare,
Gabriel joue du violon,
Hector tape sur le tambour
Et, le chanteur, c'est Gaston.

Amélie joue de la flute,
Nicolas joue du piano,
Le public, content, écoute,
C'est le concert des Cousteau !

La, la, la, la, la, la, la, la
On aime faire du rock,
En famille, c'est génial !
La, la, la, la, la, la, la, la
Si tu aimes danser,
Lève tes bras ! (x2)

NOTES

NOTES

LA CARTE DU MONDE

OCÉAN ATLANTIQUE

OCÉAN PACIFIQUE

OCÉAN AN

N
O   E
S

126 cent-vingt-six

OCÉAN ARCTIQUE

OCÉAN PACIFIQUE

EVEREST 8.848m

DITERRANÉE

OCÉAN INDIEN

cent-vingt-sept 127

Autrices
Amandine Demarteau, Fanny Piat, Adélaïde Tilly, Pauline Grazian, Gwendoline Le Ray, Hélène Simon, Stéphanie Pace

Coordination éditoriale et pédagogique
Aurore Baltasar, Virginie Karniewicz

Édition
Simon Malesan-Jordaney

Révision pédagogique
Agustín Garmendia

Illustrations
Robert Garcia (Gaur estudio)
Cristina Torrón (jeux)

Reportage photographique
Celina Bordino

Conception graphique et couverture
Laurianne López

Mise en page
Cristina Muñoz Idoate, Ana Varela García

Autocollants
Laurianne López, Cristina Muñoz Idoate

Correction
Martine Chen

Autrice, compositrice, interprète
Anna Roig

Arrangements musicaux
Magí Batalla et Cadu Medeiros

Enregistrements
Blind records

Locuteurs
David Bocian, Mathilde Eloy, Hilaire Besse, Sophie Kasser, Julien Paschal, Anatole, Anouk, Chloé, Hélie, Inès, Julia, Juliette, Paul, Pol, Sacha, Vladimir

Remerciements
Nous tenons à remercier chaleureusement
Laurianne López pour l'organisation des reportages photos.
Merci à Émilie Chopinet, Séverine Battais, Estelle Foullon et Simon Malesan-Jordaney pour leur aide dans l'organisation des enregistrements.
Merci également à Kamie Labessouille-Mas pour la recherche de documents.
Et enfin merci à nos modèles Anouk, Pol, Sacha et Violette.

Crédits photographiques de la partie *Livre de l'élève*
Unité 1 Adobestock/Scriblr ; Istock/lushik ; Adobestock/Web Buttons Inc. ; Istock/TopVectors ; Istock/viyadaIstock ; Istock/bobaa22 ; Flickr/easter seals camp ASCAA ; Getty images/Barcroft Media ; Istock/ferrantraite ; Adobestock/Image'in ; Istock/AaronAmat ; Adobestock/toxicoz ; **Unité 2** Adobestock/bioraven ; Adobestock/macrovector ; Adobestock/bsd555 ; Adobestock/polpol01 ; Adobestock/photoloulou91 ; Adobestock/Pat on stock ; Adobestock/Impala ; Adobestock/Eric Isselée ; Istock/Svetlana histobaeva ; Adobestock/Annykos ; Adobestock/LynxVector ; Enrique Vila Varela ; Dreamstime/Playinhot ; Dreamstime/Lifeontheside ; Istock/KenCanning ; Emma Sayegh ; Adobestock/vika33 ;
Unité 3 Adobestock/Jane Kelly ; Adobestock/puruan ; Adobestock/ONYXprj ; Adobestock/mouse_md ; Adobestock/M.studio ; Adobestock/Keddy ; Adobestock/mariesacha ; Istock/Jason Doiy ; Adobestock/cynoclub ; Adobestock/Magalice ; Adobestock/studiophotopro ; Adobestock/Africa Studio ; Adobestock/blackcat126 ; Adobestock/Eric Isselée Istock/MaksimYremenko ; Adobestock/Dinosoftlabs ; Istock/martiapunts ; Istock/tbralnina ; Istock/javgutierrez ; Adobestock/ALF photo ; Istock/Antonio_Diaz ; Adobestock/Marco Mayer ; **Unité 4** Istock/Rakdee ; Adobestock/elenavdovina ; Istock/wkwkwkstock ; Adobestock/Marzky Ragsac Jr. ; Adobestock/Aaron Amat ; Adobestock/Aaron Amat ; Adobestock/Aaron Amat ; Istock/kali9 ; Adobestock/FARBAI ; Adobestock/funway5400 ; Istock/coward_lion ; Istock/syolacan ; Adobestock/Dynamoland ; Adobestock/ruslanita ; Wikimedia commons/Clemensfranz ; Istock/3sbworld

Crédits photographiques de la partie *Cahier d'activités*
Unité 1 Adobestock/Marc ; Adobestock/Vikivector ; Adobestock/matoommi ; Istock/Boarding1Now ; Istock/Nikada ; Istock/aydinmutlu ; Istock/kafl ; Adobestock/sebra ; Adobestock/gparigot ; Adobestock/realstock1 ; Adobestock/milani01 ; Adobestock/ZoneCreative ; Istock/fcafotodigital ; Istock/izusek ; Adobestock/helivideo ; Istock/SerrNovik ; Istock/LSOphoto ; Istock/Starcevic ; Istock/FangXiaNuo ; Adobestock/Alliance ; Istock/travnikovstudio ; Adobestock/Web Buttons Inc ; Istock/Eva-Katalin ; Istock/MarioGuti ; Istock/SDI Productions ; Istock/4x6 ; Istock/mbbirdy ; Istock/vgajic ; Istock/ajr_images ; Istock/SolStock ; Istock/lukbar ; Istock/lukbar ; Istock/lukbar ; Istock/aydinmutlu ; Istock/stockstudioX ; Istock/JurgaR ; Istock/hopsalka ; Istock/alexsl ; Istock/FrankRamspott ; adobe stock/Archer7 ; **Unité 2** Istock/GlobalP ; Istock/Antagain ; Istock/esvetleishaya ; Istock/MirekKijewski ; Istock/Rixipix ; Istock/Val_Iva ; Istock/Nynke van Holten ; Istock/GlobalP ; Istock/Andrew_Howe ; Istock/letty17 ; Istock/DrPAS ; Istock/GlobalP ; Istock/GlobalP ; **Unité 3** Istock/FatCamera ; Istock/SeventyFour ; Istock/SerhiiBobyk ; Istock/mediaphotos ; Adobestock/Budimar Jevtic ; Adobestock/ luckybusiness ; Istock/jandrielombard ; Istock/LSOphoto ; Istock/Milkos ; Istock/hocus-focus ; Istock/Pavlo Rybachuk ; Istock/jsnyderdesign ; Istock/tupungato ; Adobestock/MicroOne ; Istock/Dejan Kolar ; Istock/gbh007 ; Istock/from_my_point_of_view ; Istock/Tijana87 ; Istock/esvetleishaya ; Istock/FRANCOIS-EDMOND ; Istock/anna1311 ; Istock/Piotr Polaczyk ; Istock/vlastas ; Dreamstime/Tuncdindas Istock/TheCrimsonMonkey ; Istock/imv ; Istock/PicturePartners ; Istock/Natasha Logsdon ; Istock/AndyOdo ; Istock/farakos ; **Unité 4** Istock/tiler84 ; Istock/DSGpro ; Istock/J-Elgaard ; Istock/Gregory_DUBUS ; Istock/ajma_pl ; Istock/Orbon Alija ; Dreamstime/Olena Sushytska ; Istock/SasiIstock ; Istock/Imgorthand ; Adobe stock/Africa Studio ; Istock/MarioGuti ; Istock/andresr ; adobe stock/Monkey Business ; Dreamstime/Jackq ; Istock/Gilitukha ; Istock/MesquitaFMS ; Wikimedia commons/jeanfrancois beausejour ; adobe stock/Web Buttons Inc ; stock/prill ; Istock/perets ; Istock/ma1962 ; Istock/agcuesta ; Istock/WesAbrams ; Istock/saenal78 ; **DELF** Istock/hidesy ; Istock/JosuOzkaritz ; Dreamstime/Jivka Kalinkova ; Dreamstime/Cunaplus ; Istock/Andrii Pohranychnyi ; Istock/belchonock ; Adobestock/FOOD-pictures ; Istock/ tupungato ; Adobestock/HandmadePictures ; Adobestock/librakv ; Adobestock/SeanPavonePhoto ; Adobestock/Timmary ; Adobestock/pilipphoto ; Adobestock/Valerii Dekhtiarenko ; Istock/Jimmybt ; Istock/U.Ozel.Images ; Adobestock/VIAR PRO studio ; Istock/Slavica ; Adobestock/andrys lukowski ; Istock/syolacan ;
Autocollants Adobe stock/Galyna Andrushko ; Adobe stock/Jakob Fischer ; Adobe stock/Gabriele Maltinti ; Adobe stock/Greg Brave ; Adobe stock/Kokhanchikov ; Istock/czekma13 ; Istock/gui00878 ; Adobe stock/ gelilewa ; Adobe stock/Photography by APD ; Istock/ross1248 ; Istock/repinanatoly ; Istock/AndreaAstes ; Istock/DustyPixel ; Istock/Sezeryadigar ; Istock/pidjoe ; Istock/nitrub ; Istock/bergamont ; Istock/EasyBuy4u ; Istock/Dimitris66 ; Istock/harmpeti ; Istock/Turnervisual ; Istock/Vitalina ; Adobestock/cbckchristine ; Istock/Infografick ; Istock/Simone Capozzi ; Istock/HighImpactPhotography ; Istock/RapidEye ; Istock/adventtr ; Istock/Jaap2 ; Istock/mipan ; Istock/fatihhoca ; Istock/John_Kasawa ; Istock/HighImpactPhotography

Vidéos
Unité 1 Dis-moi Dimitri : les paysages d'Afrique / Vivement lundi
Unité 2 « Rollin' Safari »/réalisateurs : Constantin Paeplow, Kyra Buschor, Annie Habermehl © Filmakademie Baden-Württemberg GmbH
Unité 3 Yassa de poulet/Bayard Presse - Planète J'aime lire
Unité 4 Mouk : le théâtre de marionnettes / Millimages

Tous les textes et documents de cet ouvrage ont fait l'objet d'une autorisation préalable de reproduction. Malgré nos efforts, il nous a été impossible de trouver les ayants droit de certaines œuvres. Leurs droits sont réservés aux Éditions Maison des Langues et Difusión.

© Difusión, Centre de Recherche et de Publications de Langues, S.L., 2020
ISBN édition internationale : 978-84-18032-14-1
ISBN édition hybride : 978-84-19236-93-7
Réimpression : avril 2023
Imprimé dans l'UE

Toute forme de reproduction, distribution, communication publique et transformation de cet ouvrage est interdite sans l'autorisation des titulaires des droits de propriété intellectuelle. Le non-respect de ces droits peut constituer un délit contre la propriété intellectuelle (art. 270 et suivants du Code pénal espagnol).

www.emdl.fr/fle

AUTOCOLLANTS

UNITÉ 0

1 P. 66

UNITÉ 1

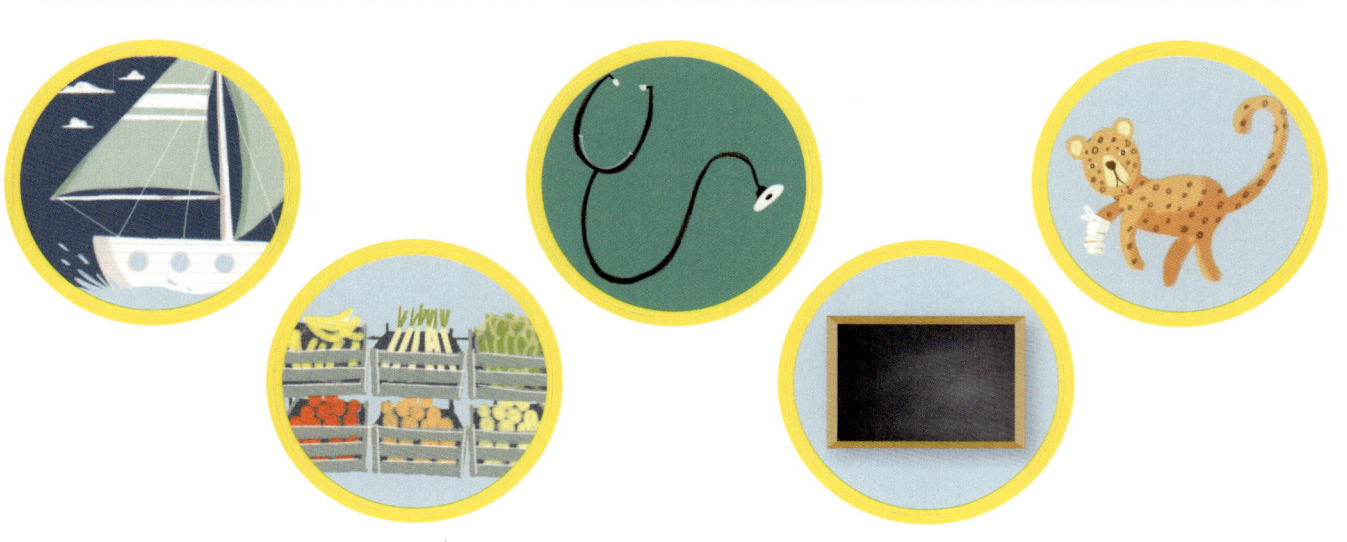

2 P. 72 — LEÇON 3

2 P. 76 — CAP SUR LA GÉOGRAPHIE

L'Everest
La Soufrière
La mer Méditerranée
La forêt australienne
Le Sahara
La savane

CAP OU PAS CAP ?

PARIS 4000 KM
SYDNEY 17000 KM
LONDRES 4500 KM

A

UNITÉ 2

① P. 78 — LEÇON 1

① P. 85 — MISSION DÉCOUVERTE

Le lion

La marmotte

Le kangourou

Le coq

CAP OU PAS CAP ?

UNITÉ 3

❷ P. 90 — LEÇON 2

❶ P. 92 — LEÇON 3

❷ P. 96 — CAP SUR LES SCIENCES

CAP OU PAS CAP ?

UNITÉ 4

❹ P. 99 — LEÇON 1

❷ P. 100 — LEÇON 2

❸ P. 106 — CAP SUR LA MUSIQUE

CAP OU PAS CAP ?